Wortfamilien und Wortfelder üben und festigen

Kopiervorlagen mit Lösungen

Saskia Kistner/Corina Mittermaier

Verlag an der Ruhr

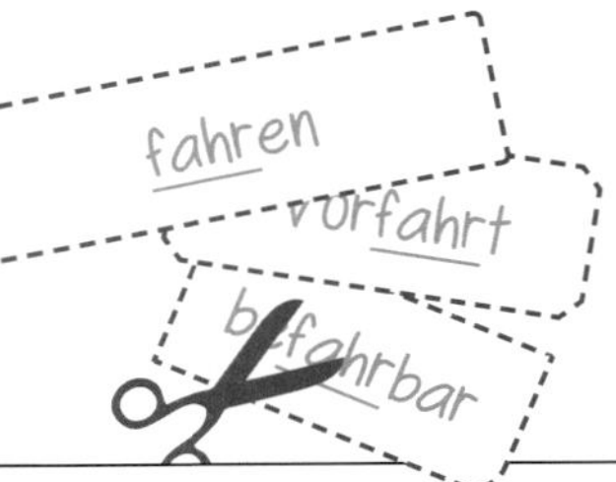

Impressum

Titel
Wortfamilien und Wortfelder üben und festigen
Kopiervorlagen mit Lösungen, Klasse 2–4

Autorinnen
Saskia Kistner
Corina Mittermaier

Umschlagmotiv
Zettel unter Verwendung von © piai – stock.adobe.com

Illustrationen
s. Nachweis am Bild

Druck
Athesia Druck GmbH, Bozen, IT

Verlag an der Ruhr
Mülheim an der Ruhr
www.verlagruhr.de

Geeignet für die Klassen 2–4

ISBN 978-3-8346-6349-8

Inhaltsverzeichnis

Vorwort 4

Merkblatt *Wortfamilien/Wortfelder* 6

Thema	Arbeitsblatt	Seiten	Lösung
Wortfamilien	Liste der häufigsten Wortfamilien	7	–
	Wortstamm erkennen	8–11	60/61
	Was passt nicht?	12/13	62
	Wörter bilden	14–16	63/64
	Wörter nach Wortarten sortieren	17/18	64/65
	Wörter bilden und sortieren	19/20	65/66
	Nutze den Wortstamm	21–23	66/67
	Was fehlt?	24–26	68/69
	Finde das Lösungswort	27–29	69
	Die häufigsten Wortfamilien üben	30–32	70/71
	Gemischte Aufgaben	33/34	71/72
Wortfelder	Liste wichtiger Wortfelder	35/36	–
	Suchsel: Wortfeld *gehen*	37	72
	Suchsel: Wortfeld *sagen*	38	73
	Nomen sortieren	39–41	73/74
	Wortfelder sortieren	42–44	74/75
	Lückentext: Wortfeld *sagen*	45/46	76
	Lückentext: Wortfeld *gehen*	47/48	77
	Sätze bearbeiten: Wortfeld *schön*	49	78
	Sätze bearbeiten: Wortfeld *gut*	50	78
	Sätze bearbeiten: Wortfeld *machen/tun*	51	79
	Kreuzworträtsel: Wortfeld *machen/tun*	52	79
	Gemischte Aufgaben	53/54	80
Spiele	Wörter-Bingo	55–57	–
	Pantomimekarten: Wortfeld *gehen*	58	–

Lösungen 59

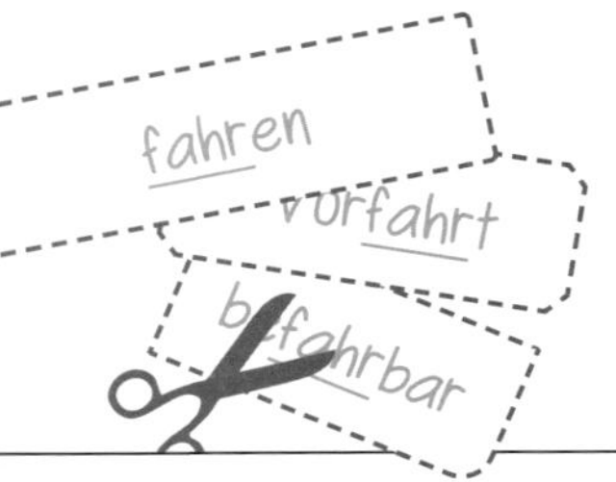

Vorwort

Wortfamilien und **Wortfelder** sind ein wichtiger, oft unbemerkter Bestandteil des täglichen Sprachgebrauchs. Dieses Heft dient dazu, den Wortschatz kontinuierlich zu festigen und zu erweitern und sich somit auch im Bereich des Texteverfassens weiterzuentwickeln. Auch hilft die Kenntnis der Wortfamilien, richtig zu schreiben und die Rechtschreibsicherheit zu festigen.

Unter **Wortfamilien** versteht man **Wörter mit gleichem Wortstamm** und meist **unterschiedlicher Bedeutung**, etwa *-fahr-*: *Fahrer, umfahren, befahren, Fahrzeug …*
Der Wortstamm wird immer ähnlich geschrieben, nur der Vokal ändert sich manchmal, z. B. *fliegen, er flog.*

Auf Seite 6 befinden sich im DIN-A5-Format Erklärblätter zu *Wortfamilien* und *Wortfeldern.* Man kann somit einfach das halbe Blatt kopieren und ausgeben oder auch in Klasse 3 oder 4 beides auf einmal verteilen.

Auf Seite 7 findet sich eine Auflistung der häufigsten Wortfamilien. Wenn Kinder diese auswendig kennen, hilft es ihnen, viele Wörter richtig abzuleiten und zu schreiben, z. B. „*fahren* schreibe ich mit *h*, also schreibe ich alle anderen Wörter dieser Wortfamilie, wie *umfahren, Fahrschule* oder *Klassenfahrt,* auch mit *h*, obwohl ich es nicht hören kann."
Bei den Übungsseiten zu diesen Wortfamilien sollte die letzte Spalte wie für ein Knickdiktat nach hinten gefaltet werden, um das Verb auswendig zu üben.

Das Bingo auf den Seiten 55–57 kann im Klassenverband oder in Kleingruppen gespielt werden. Spielleitung ist entweder die Lehrkraft oder ein Kind. Die Spielleitung wählt eine Wortfamilie aus und stellt sie den Mitspielenden zur Verfügung, damit die Wörter richtig abgeschrieben werden können. Darauf sollte Wert gelegt werden.

Wortfelder sind **Wörter mit ähnlicher Bedeutung**, etwa für *sprechen: reden, quasseln, unterhalten …* Die Wörter eines Wortfelds gehören damit auch immer zur gleichen Wortart.

Bei der Erarbeitung und Übung der Wortfelder *gehen* und *sprechen* sollten die unterschiedlichen Arten auch im Plenum oder in Paar-, Gruppen- und Einzelaktionen ausprobiert werden. Dies schafft ein besseres Verständnis für den Wortschatz. Hierzu haben wir Karten für ein Pantomimespiel für das Wortfeld *gehen* erstellt.

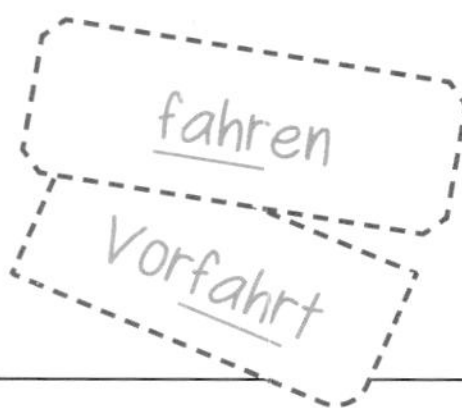

Vorwort

Die Liste wichtiger Wortfelder auf den Seiten 35/36 kann als Merkblatt/Nachschlageblatt vor allem für Aufsatzerziehung genutzt werden. Die Anordnung der Wortfelder ermöglicht es auch, einen Wortfeldfächer herzustellen. Dafür können die einzelnen Spalten ausgeschnitten und mit einer Musterbeutelklammer zusammengeheftet werden. Zudem ist die Liste ein Hilfmittel für Schüler*innen für die Bearbeitung der Übungen.

Wir empfehlen eine Aufteilung der Themen auf zwei bis drei Schuljahre. Zum Start (am Ende von Klasse 2/Anfang von Klasse 3) wird das grundlegende Wissen zum Thema *Wortfamilie* vermittelt und geübt. Mit mehreren Monaten Abstand bzw. Mitte/Ende des 3. Schuljahres oder auch zum Anfang der 4. Klasse folgt die Wiederholung und weitere Festigung.
Nun erfolgt auch das erste Kennenlernen von Wortfeldern und das gezielte Üben zu diesem Thema. Die Übungen passen gut in den Bereich Aufsatztraining. Hier sollte jede Lehrkraft selbst entscheiden, in welchem Schuljahr Schwerpunkte gesetzt werden.

Die Arbeitsblätter lassen sich vielfältig einsetzen: So können sie sowohl im Plenum mit allen gemeinsam als auch in Einzel- oder Gruppenarbeit in Lerntheken, Werkstätten oder integriert in den Wochenplan eingesetzt werden.

Besondere Hinweise

Aufgaben, die etwas schwieriger sind oder eine weitergehende, optionale Beschäftigung mit dem Thema ermöglichen, sind durch das Symbol gekennzeichnet. Für die Zusatzaufgaben kann ein Schreibheft genutzt werden.

Durch die Lösungsseiten (S. 59–80) müssen Sie keine Lösungen erstellen und eine Selbstkontrolle ist gut und einfach möglich. Für einzelne Arbeitsblätter liegen keine Lösungen vor, da die Bearbeitung durch die Kinder an diesen Stellen individuell ist und es nicht die „eine“ richtige Lösung gibt.

Viel Erfolg und Freude beim Einsatz des Materials!

Ihre *Saskia Kistner* und *Corina Mittermaier*

Merkblatt Wortfamilien/Wortfelder

Hallo! Ich bin RAMS-43 und habe viele Tipps für dich!

Kennst du schon **Wortfamilien**?
Zu einer Wortfamilie gehören Wörter, die den gleichen **Wortstamm** haben. Die Wörter einer Wortfamilie haben **unterschiedliche Bedeutungen**.
Sie können zu **unterschiedlichen Wortarten** gehören.

Wortfamilien

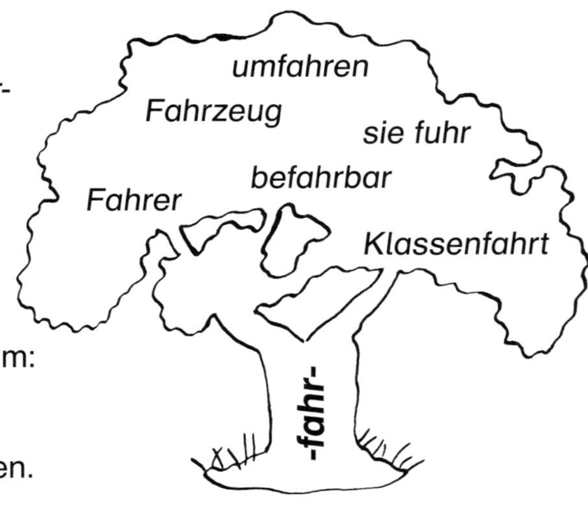

Rechts siehst du ein Beispiel mit dem Wortstamm *-fahr-* und einigen Wörtern aus der Wortfamilie *fahren*:

Der Wortstamm bleibt meist gleich.
Oft ist er ein Teil des Verbs in der Grundform:
gehen: ich gehe, der Gehweg, begehbar

Achtung: In manchen Fällen ändert sich der Wortstamm:
schreiben: er schrieb, die Schrift

Wortfamilien helfen dir dabei, Wörter richtig zu schreiben.

Hallo! Ich bin RAMS-43 und habe viele Tipps für dich!

Kennst du schon **Wortfelder**?
Zu einem Wortfeld gehören Wörter, die eine **gleiche oder ähnliche Bedeutung** haben.

Wortfelder

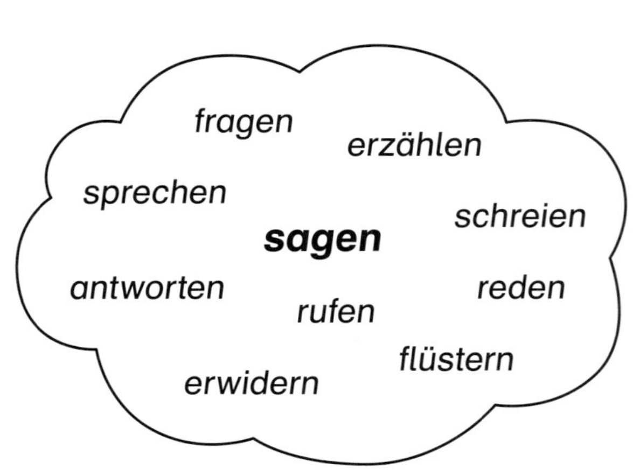

Rechts siehst du ein Beispiel für das **Wortfeld** *sagen* und einige Wörter aus dem Wortfeld.

In einem Wortfeld sind immer nur **Wörter <u>einer</u> Wortart**, zum Beispiel nur Verben.

Mit Wörtern aus einem Wortfeld kannst du genauer beschreiben und dich auch in Geschichten besser ausdrücken.

Außerirdischer: Bettina Weyland

Liste der häufigsten Wortfamilien

Lerne diese Wörter und ihre Schreibweise auswendig. So kannst du ganz viele Wörter mit dem gleichen Wortstamm richtig schreiben.
Wenn du weißt, dass man *fahren* mit *h* schreibt, obwohl du es nicht hören kannst, dann weißt du auch, dass man *Gefahr, umfahren, gefährlich, Fahrzeug* und viele weitere Wörter mit *h* schreibt.

arbeiten
binden
brechen
bringen
denken
drücken
fahren
fallen
fliegen
formen
führen
geben
gehen
greifen

halten
hängen
kommen
lassen
laufen
liegen
reifen
reißen
schlagen
schließen
schneiden
schreiben
sehen
sitzen

spielen
sprechen
steigen
stellen
teilen
tragen
treiben
treten
weisen
werfen
zahlen
ziehen

Außerirdischer: Bettina Weyland

Wortstamm erkennen (1/4)

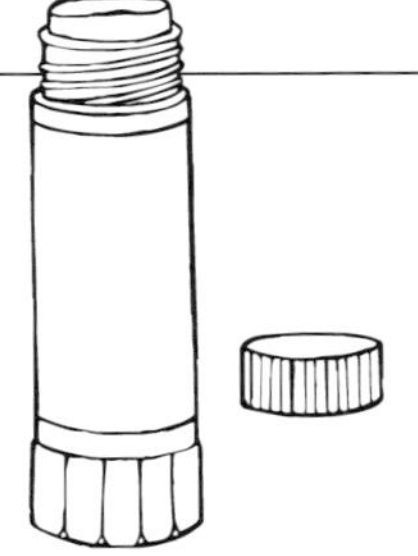

Welche Wörter haben den gleichen Wortstamm und gehören zu einer Wortfamilie? Kreuze an. Markiere den Wortstamm gelb.

-sonn-	☐ sonnig	☐ Sonnenschirm	☐ sommerlich	☐ Sonnenschein
-kleb-	☐ Klebestift	☐ zukleben	☐ klebrig	☐ einleben
-lehn-	☐ anlehnen	☐ Lenker	☐ Lehne	☐ abgelehnt
-sport-	☐ Specht	☐ Sporthose	☐ sportlich	☐ Ballsport
-fang-	☐ gefangen	☐ Finger	☐ Fangspiel	☐ einfangen
-schneid-	☐ Schneidebrett	☐ abschneiden	☐ verschneiden	☐ verschieben
-brenn-	☐ brummen	☐ brennbar	☐ anbrennen	☐ Brennstoff
-ehr-	☐ verehren	☐ Ernte	☐ ehrlich	☐ Ehrlichkeit
-kind-	☐ kindlich	☐ Schulkind	☐ Kinn	☐ Kindergarten
-wehr-	☐ Abwehr	☐ werden	☐ Feuerwehr	☐ verwehren
-fall-	☐ Unfall	☐ umfallen	☐ Abfall	☐ Tierfell
-spring-	☐ versingen	☐ Springseil	☐ abspringen	☐ Springerin
-dank-	☐ dankbar	☐ tanken	☐ bedanken	☐ Dankbarkeit

Illustration: Anja Boretzki

Wortstamm erkennen (2/4)

Welche Wörter haben den gleichen Wortstamm und gehören zu einer Wortfamilie? Kreuze an. Markiere den Wortstamm gelb.

-kopf-	☐ Kopfball	☐ kopflastig	☐ Knopf	☐ Kopfstand
-brat-	☐ Holzbrett	☐ gebraten	☐ Bratpfanne	☐ anbraten
-reis-	☐ verreisen	☐ zerreißen	☐ Reisegruppe	☐ reiselustig
-fahr-	☐ farbig	☐ verfahren	☐ fahrtüchtig	☐ Hinfahrt
-mal-	☐ Maler	☐ mahlen	☐ anmalen	☐ malerisch
-find-	☐ verbinden	☐ Erfindung	☐ vorfinden	☐ Erfinderin
-such-	☐ Untersuchung	☐ Meeresbucht	☐ Besuch	☐ versuchen
-kauf-	☐ verkauft	☐ Einkauf	☐ Verlauf	☐ abkaufen
-les-	☐ vorlesen	☐ verlassen	☐ Vorleser	☐ lesbar
-tausch-	☐ eintauschen	☐ Tauschgeschäft	☐ Taucher	☐ vertauscht
-dring-	☐ dringend	☐ trinkend	☐ durchdringen	☐ Eindringling
-reif-	☐ reifen	☐ gereift	☐ unreif	☐ Riffe
-tret-	☐ eintreten	☐ vertreten	☐ betreffen	☐ abtreten

Illustration: Anja Boretzki

Wortstamm erkennen (3/4)

Welche Wörter haben den gleichen Wortstamm?
Markiere den Wortstamm in der richtigen Farbe.
-form- **grün,** -sitz- **blau,** -lieg- **gelb**

Achtung!
Denke daran, dass sich manchmal der Wortstamm etwas verändert! -schreib- *: schrieb, Schrift …*
-wiss- *: weiß, wusste …*

herumliegen	formbar	aufliegen	verformen	Liegestuhl
formlos	naheliegend	förmlich	Fahrersitz	Uniform
absitzen	unförmig	Kindersitz	Gartenliege	sitzend
Besitzerin	liegend	Backform	umformen	anliegen
Form	Sitzkissen	sitzen	Anlieger	besitzen

Schreibe die Wörter, nach den Wortstämmen sortiert, in dein Heft.
Markiere in jedem Wort den Wortstamm:

-form-: formbar, …
-fahr-: …
-lieg-: …

Außerirdischer: Bettina Weyland, Stern: Anja Boretzki

Wortstamm erkennen (4/4)

Welche Wörter haben den gleichen Wortstamm?
Markiere den Wortstamm in der richtigen Farbe.
-häng- → grün, -fall- → blau, -spiel- → gelb

Achtung!
Denke daran, dass sich manchmal der Wortstamm etwas verändert! -schreib- : *schrieb, Schrift …*
-wiss- : *weiß, wusste …*

hängen	fällen	gespielt	Falltür	Hängematte
Spielanleitung	Spielerin	abhängen	Unfall	Anhang
Mitspieler	auffallen	vorspielen	gefällt	gefallen
umhängen	abspielen	Hang	spielerisch	verspielt
Gefallen	behangen	Spielzeug	umfallen	hängend

Schreibe die Wörter, nach den Wortstämmen sortiert, in dein Heft.
Markiere in jedem Wort den Wortstamm:

-häng-: Hängematte, …
-fall-: …
-spiel-: …

Außerirdischer: Bettina Weyland, Stern: Anja Boretzki

Was passt nicht? (1/2)

In jedem Ufo haben sich 2 Wörter eingeschlichen, die nicht zur Wortfamilie gehören. Streiche sie durch.

Achtung!
Denke daran, dass sich manchmal der Wortstamm etwas verändert!
-schreib- : *schrieb, Schrift …* -wiss- : *weiß, wusste …*

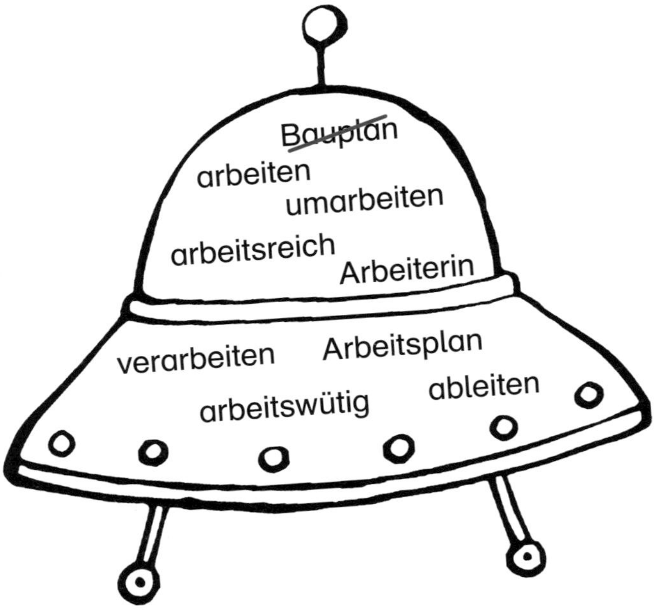

~~Bauplan~~
arbeiten
umarbeiten
arbeitsreich
Arbeiterin
verarbeiten
Arbeitsplan
arbeitswütig
ableiten

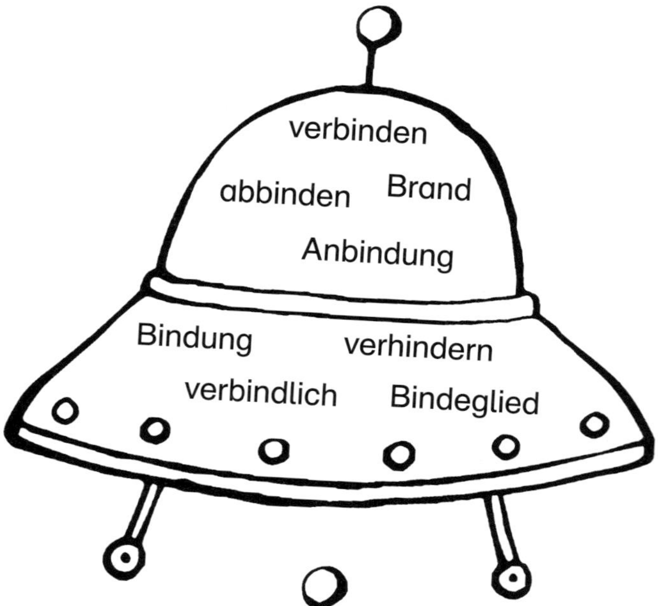

verbinden
abbinden
Brand
Anbindung
Bindung
verhindern
verbindlich
Bindeglied

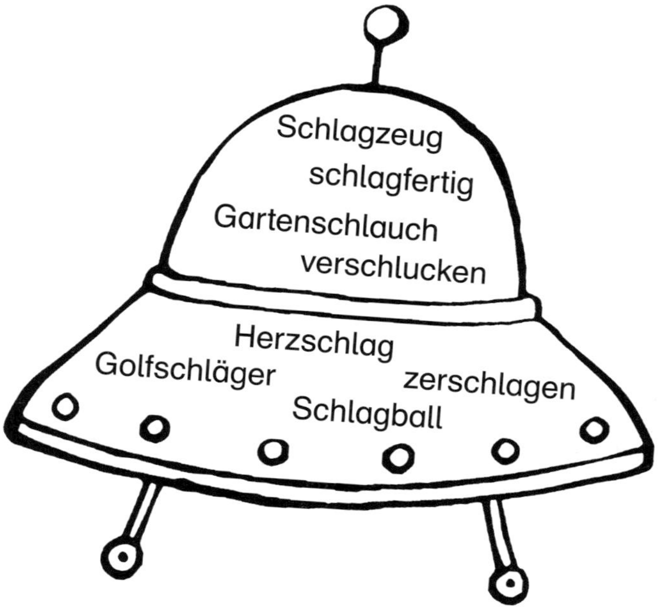

Schlagzeug
schlagfertig
Gartenschlauch
verschlucken
Herzschlag
Golfschläger
zerschlagen
Schlagball

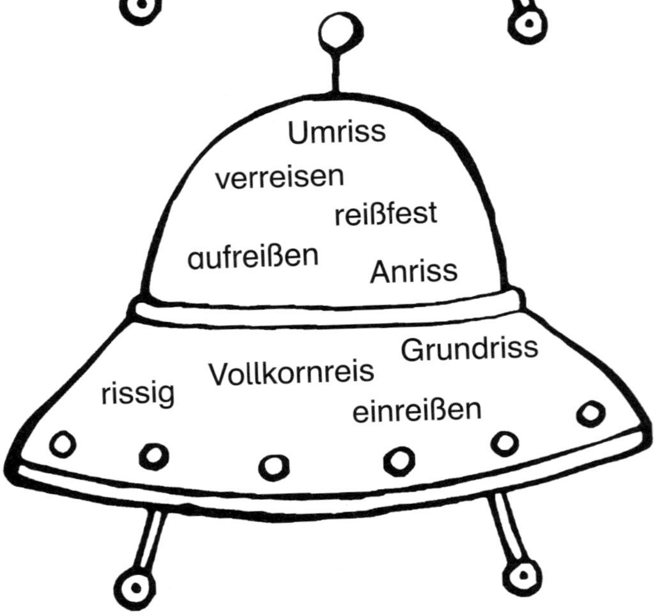

Umriss
verreisen
reißfest
aufreißen
Anriss
rissig
Vollkornreis
Grundriss
einreißen

Was passt nicht? (2/2)

In jedem Ufo haben sich 2 Wörter eingeschlichen, die nicht zur Wortfamilie gehören. Streiche sie durch.

Achtung!
Denke daran, dass sich manchmal der Wortstamm etwas verändert!
-schreib- : *schrieb, Schrift …* -wiss- : *weiß, wusste …*

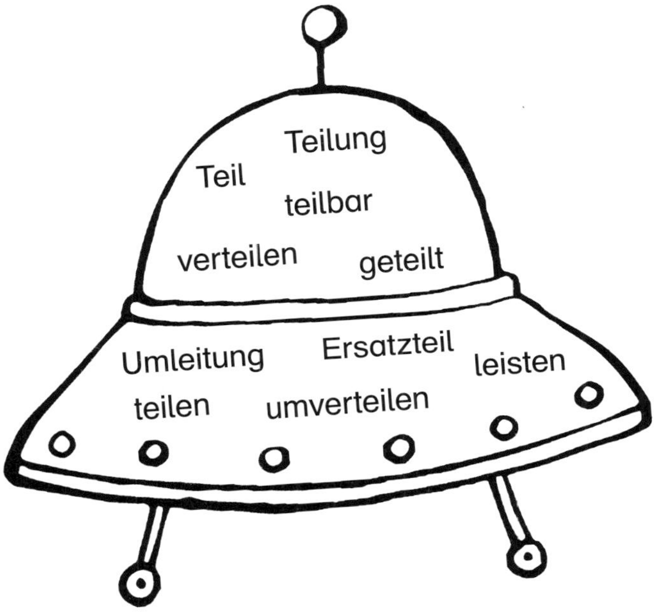

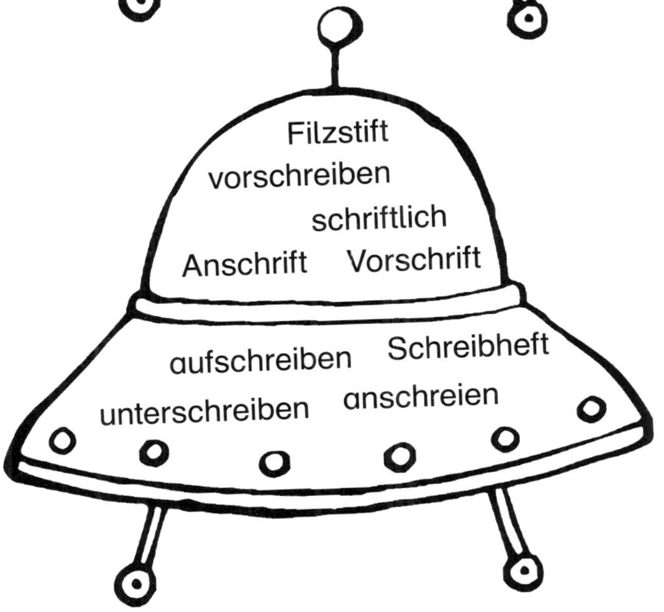

Teilung
Teil
teilbar
verteilen
geteilt
Umleitung
Ersatzteil
leisten
teilen
umverteilen

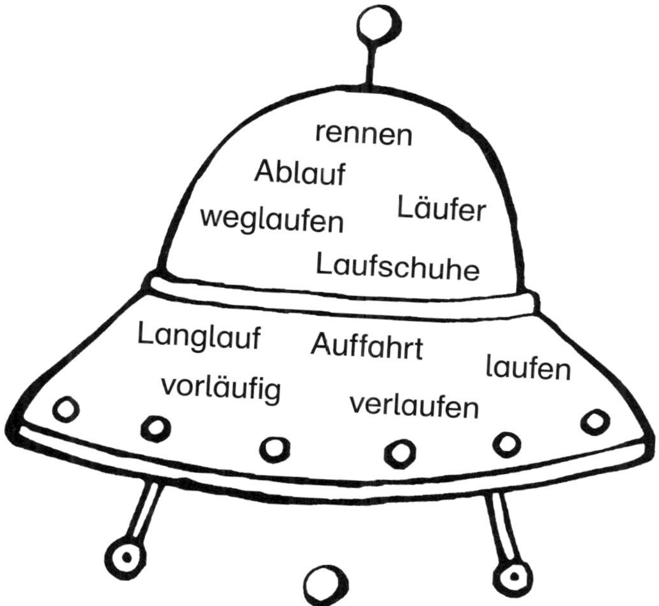

rennen
Ablauf
weglaufen
Läufer
Laufschuhe
Langlauf
Auffahrt
laufen
vorläufig
verlaufen

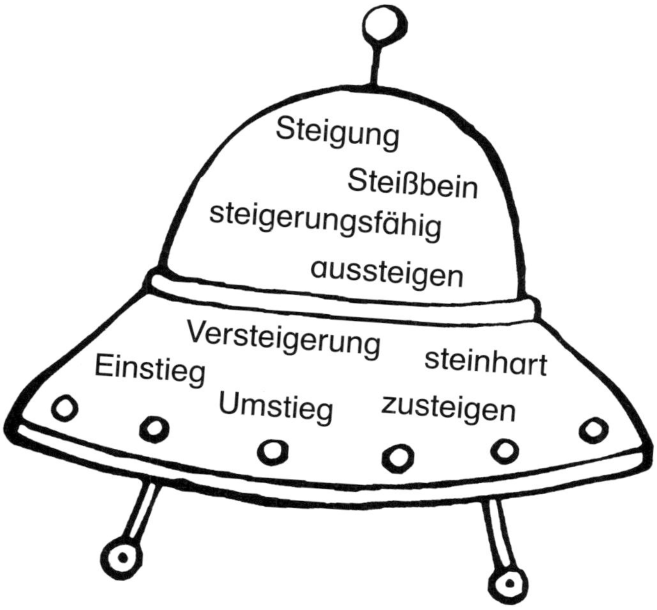

Steigung
Steißbein
steigerungsfähig
aussteigen
Versteigerung
Einstieg
steinhart
Umstieg
zusteigen

Filzstift
vorschreiben
schriftlich
Anschrift
Vorschrift
aufschreiben
Schreibheft
unterschreiben
anschreien

Außerirdischer: Bettina Weyland, Ufo: Anja Boretzki

Wörter bilden (1/3)

Bilde Wörter mit den Wortstämmen -druck- und -zahl-.
Schreibe sie auf. Bilde auch Nomen.
Denke an den Artikel und schreibe sie groß.

auf- be- nach- ab-	-druck-	-en -er -schrift	der Aufdruck,

an- be- ein-	-zahl-	-ung -bar -en -reich	

Suche weitere Wörter zu den beiden Wortfamilien und schreibe sie auf.

Illustration: Anja Boretzki

Wörter bilden (2/3)

Bilde Wörter mit den Wortstämmen -teil- und -werf- . Schreibe sie auf. Bilde auch Nomen. Denke an den Artikel und schreibe sie groß.

auf- ab- mit-	-teil-	-en -bar -ung -er	aufteilen,

ein- um- ab- ver-	-werf-	-en -lich -end	

Suche weitere Wörter zu den beiden Wortfamilien und schreibe sie auf.

Illustration: Anja Boretzki

Wörter bilden (3/3)

Bilde Wörter mit den Wortstämmen -wähl- und -schließ-. Schreibe sie auf. Bilde auch Nomen. Denke an den Artikel und schreibe sie groß.

ab- ver- ein-	-wähl-	-en -erisch -bar -er	abwählen,

auf- ab- ent-	-schließ-	-ung -en -end -bar	

Suche weitere Wörter zu den beiden Wortfamilien und schreibe sie auf.

Illustration: Anja Boretzki

Wortfamilien

Wörter nach Wortarten sortieren (1/2)

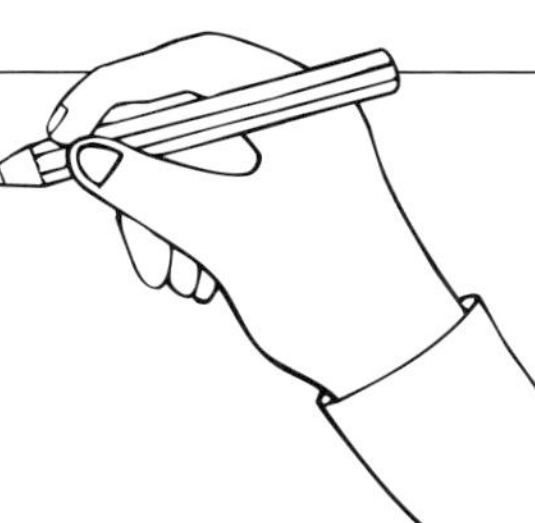

Im Kasten findest du Wörter aus verschiedenen Wortfamilien. Finde zu jeder Wortfamilie ein Nomen, ein Verb und ein Adjektiv. Trage die Wörter, nach Wortfamilien sortiert, in die Tabelle ein. Markiere jeweils den Wortstamm gelb.

~~zahlreich~~ • ~~verzählen~~ • das Erlebnis • trinkbar • das Abendessen • ~~die Anzahl~~
weise • lesbar • absehbar • essbar • das Wunder • lebendig • die Sehkraft
wunderbar • das Lesebuch • die Weisheit • beweisen • das Trinkwasser
wanderlustig • austrinken • vorlesen • die Wanderung • umsehen • essen
leben • bewundern • wandern

Nomen	Verben	Adjektive
die Anzahl	verzählen	zahlreich

Illustration: Anja Boretzki

Wörter nach Wortarten sortieren (2/2)

Im Kasten findest du Wörter aus verschiedenen Wortfamilien. Finde zu jeder Wortfamilie ein Nomen, ein Verb und ein Adjektiv. Trage die Wörter, nach Wortfamilien sortiert, in die Tabelle ein. Markiere jeweils den Wortstamm gelb.

~~die Weltreise~~ • ~~verreisen~~ • der Umzug • spitz • zuhören • die Unterbringung
abstehend • der Lenker • der Spitzer • umtriebig • verstehen • verlieben
erfinderisch • antreiben • glückbringend • einlenken • die Erfindung • liebevoll
das Gehör • lenkbar • umziehen • die Liebe • ~~reiselustig~~ • aufbringen • herausfinden
der Treibstoff • hörbar • die Stehlampe • zügig • spitzen

Nomen	Verben	Adjektive
die Weltreise	verreisen	reiselustig

Illustration: Anja Boretzki

Wortfamilien

Wörter bilden und sortieren (1/2)

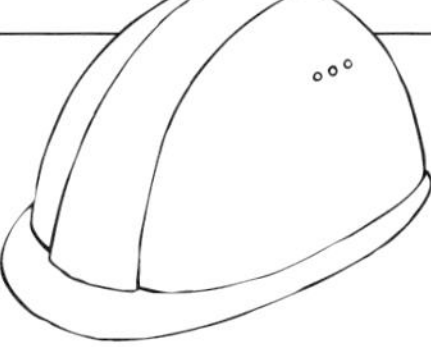

Bilde Wörter mit dem Wortstamm -bau- und trage die Wörter in die Tabelle ein. Schreibe die Nomen mit Artikel auf. Streiche Bausteine, die du benutzt hast, durch.

Achtung!
Manchmal musst du mehr als einen Baustein nutzen, um ein Wort zu bilden!

-bau-

-arbeit-	-en	-plan	-stoff	-en	ein-	an-	ab-	um-	-en	Straßen-	-en	Um-
-en	-lich	-fäll-	-ig	-en	-en	be-	-er	An-	Berg-	Ein-	auf-	er-	-en

Nomen	Verben	Adjektive
der Bauarbeiter		

Suche dir einen eigenen Wortstamm. Bilde mit Bausteinen Wörter und schreibe sie in eine Wortarten-Tabelle.

Außerirdischer: Bettina Weyland, Helm: Anja Boretzki

Wortfamilien

Wörter bilden und sortieren (2/2)

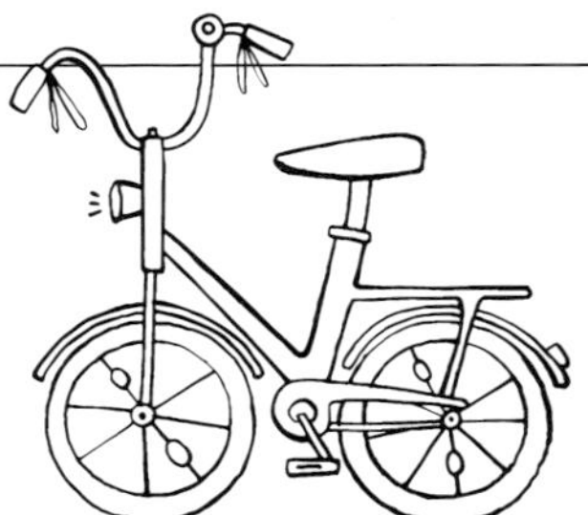

 **Bilde Wörter mit dem Wortstamm -fahr- und trage die Wörter in die Tabelle ein. Schreibe die Nomen mit Artikel auf. Streiche Bausteine, die du benutzt hast, durch.**

Achtung!
Manchmal musst du mehr als einen Baustein nutzen, um ein Wort zu bilden!

-fahr-

~~-t~~ | -en | vor- | be- | Vor- | -en | -ig | -zeit | -en | -t | be- | -en | -rad | ver- | -en | -bar | -t

um- | -en | -bereit | -en | un- | -er | -en | Ge- | an- | -en | Zug- | Hin- | Ver- | ab- | über- | -en | -t

Nomen	Verben	Adjektive
die Fahrt		

 **Suche dir einen eigenen Wortstamm. Bilde mit Bausteinen Wörter und schreibe sie in eine Wortarten-Tabelle.**

Nutze den Wortstamm (1/3)

In jeder Rakete sind nur 2 Wörter komplett. Markiere den Wortstamm gelb. Ergänze die anderen Wörter. Der Wortstamm hilft dir dabei.

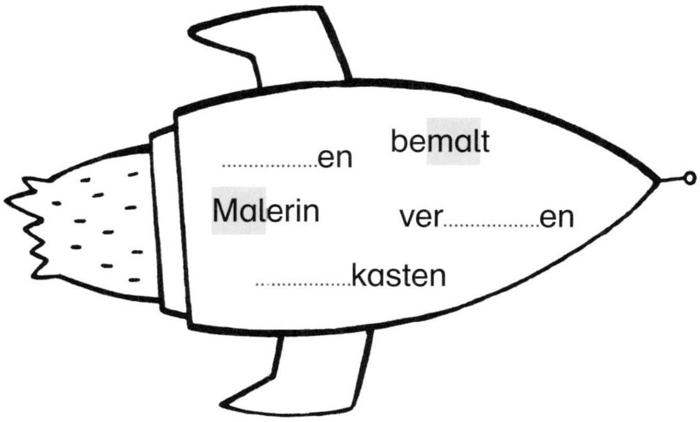

.................en bemalt
Malerin ver.................en
.................kasten

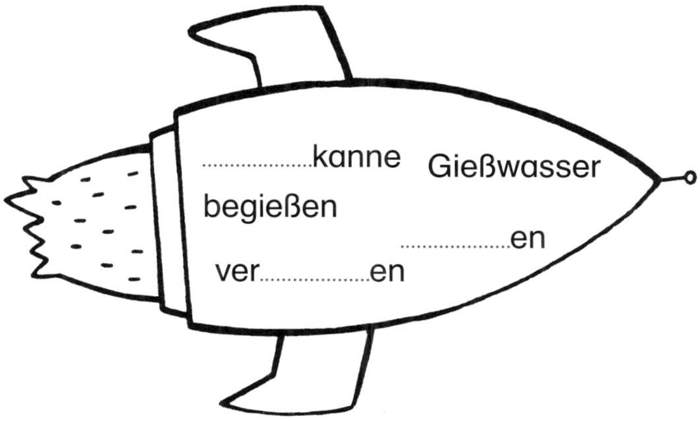

Malbuch, ...

.................kanne Gießwasser
begießen
.................en
ver.................en

....

Tierfutter
gefüttert ....ern
.................erung
ver.................ern

....

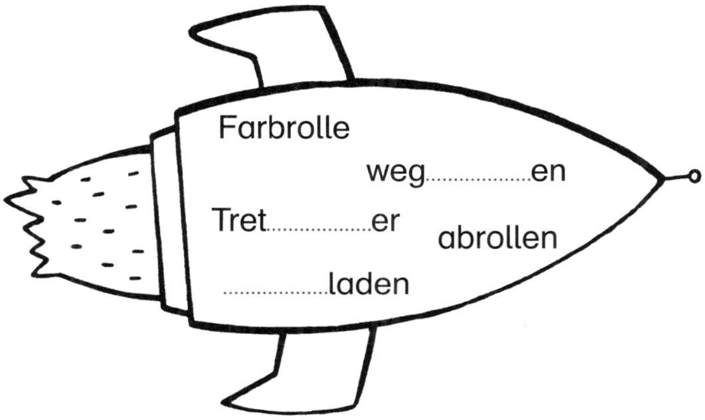

Farbrolle
weg.................en
Tret.................er abrollen
.................laden

....

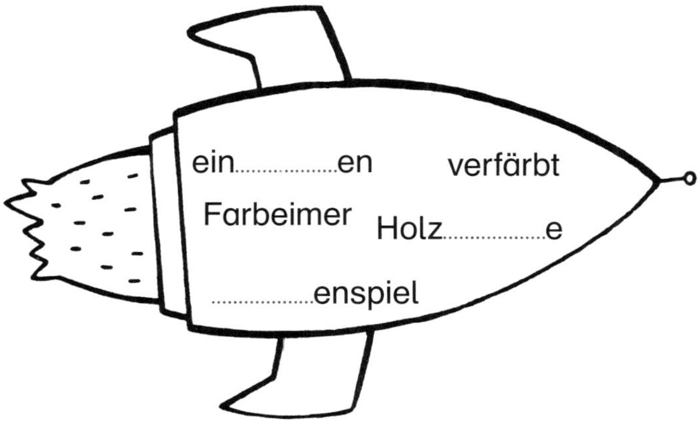

ein.................en verfärbt
Farbeimer Holz.................e
.................enspiel

....

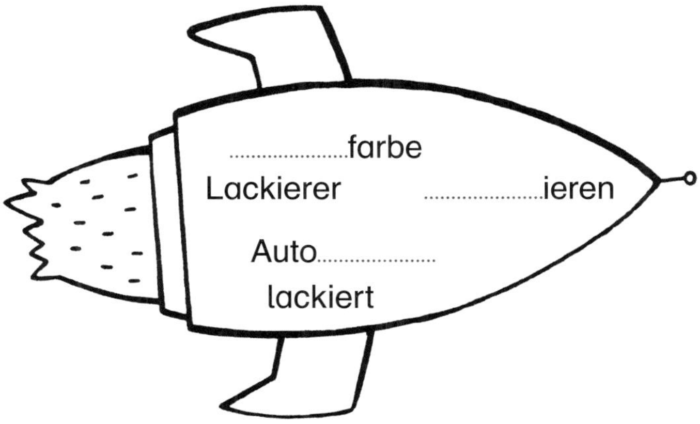

.................farbe
Lackierer ....ieren
Auto.................
lackiert

....

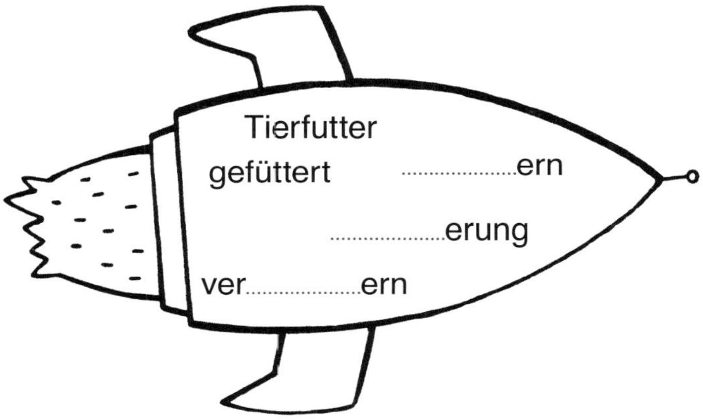

Schreibe 2 weitere Wörter der Wortfamilie unter die Raketen.

Illustrationen: Anja Boretzki

Wortfamilien

Nutze den Wortstamm (2/3)

In jeder Rakete sind nur 2 Wörter komplett. Markiere den Wortstamm gelb. Ergänze die anderen Wörter. Der Wortstamm hilft dir dabei.

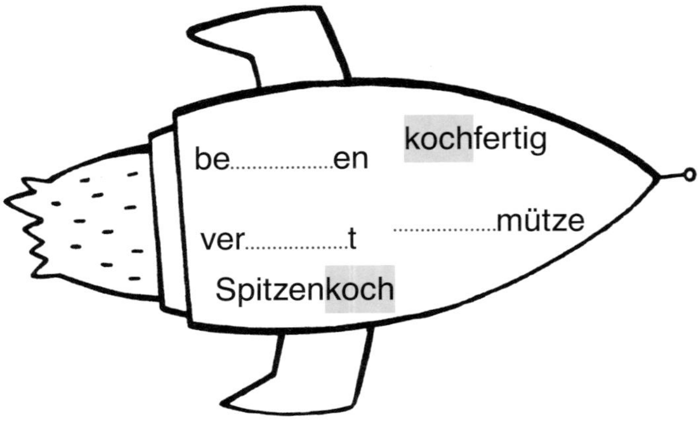

be..................en
kochfertig
ver..................t
..................mütze
Spitzenkoch

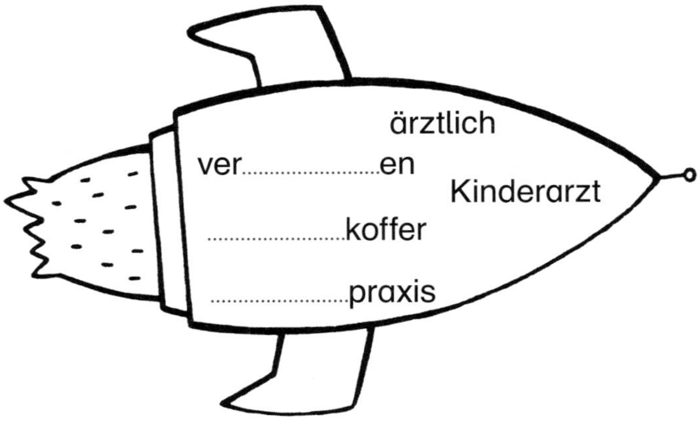

verkochen, ...

ver..................en
ärztlich
Kinderarzt
..................koffer
..................praxis

....

verängstigt
Angsthase
..................lich
Höhen..................
..................schweiß

....

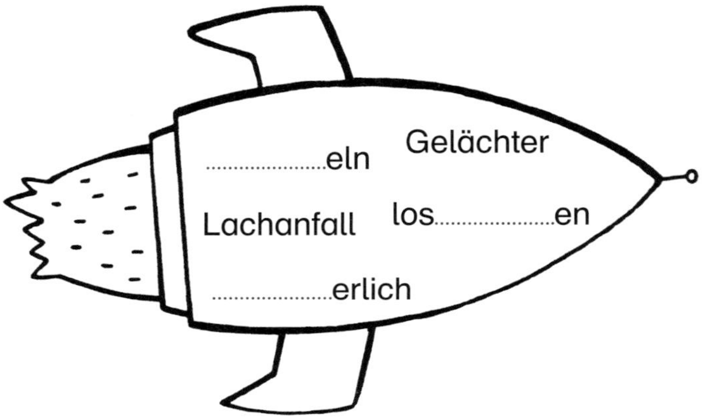

..................eln
Gelächter
Lachanfall
los..................en
..................erlich

....

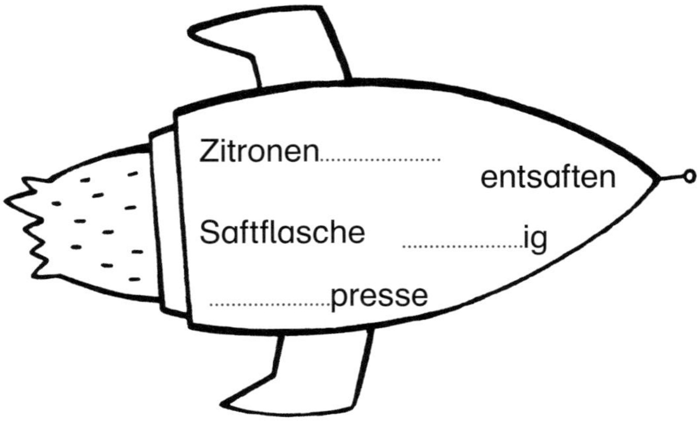

Zitronen..................
entsaften
Saftflasche
..................ig
..................presse

....

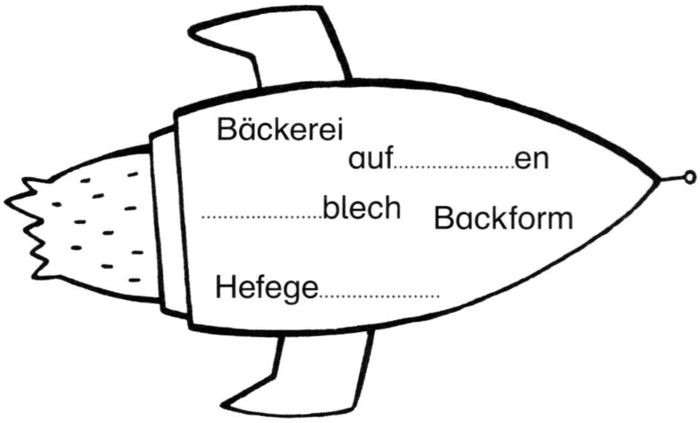

Bäckerei
auf..................en
..................blech
Backform
Hefege..................

....

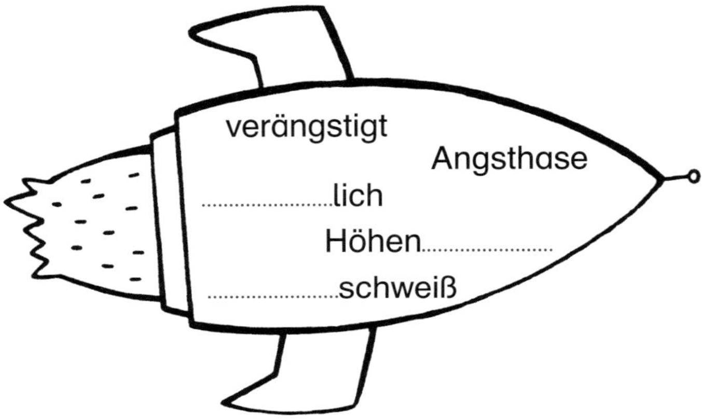

Schreibe 2 weitere Wörter der Wortfamilie unter die Raketen.

Illustrationen: Anja Boretzki

Nutze den Wortstamm (3/3)

In jeder Rakete sind nur 2 Wörter komplett. Markiere den Wortstamm gelb. Ergänze die anderen Wörter. Der Wortstamm hilft dir dabei.

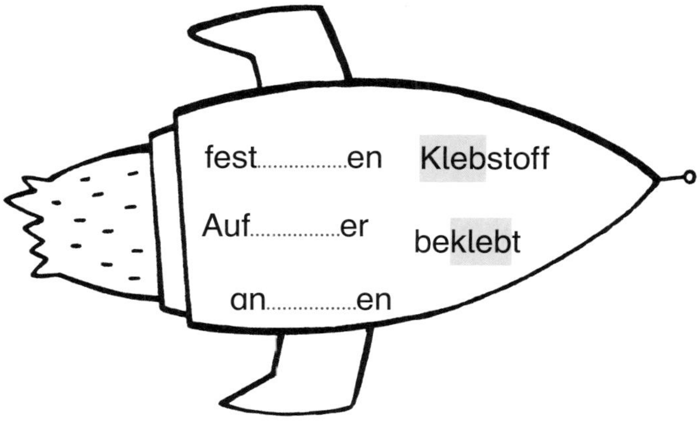

fest..............en
Klebstoff
Auf..............er
beklebt
an..............en

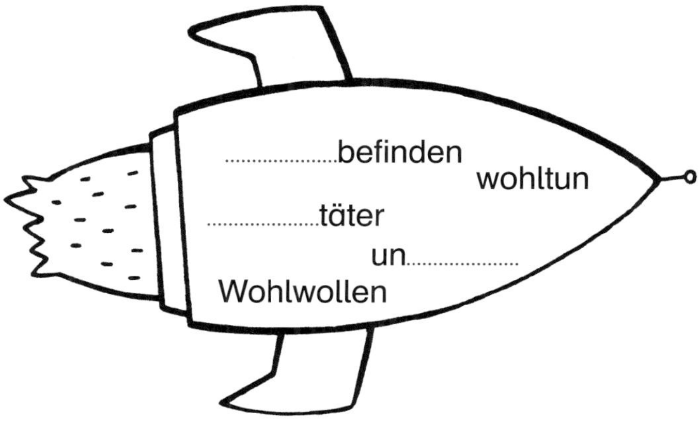

verklebt, ...

..............befinden
wohltun
..............täter
un..............
Wohlwollen

....

Ver..............
zurück..............en
umkehren
Einkehr
ver..............t

....

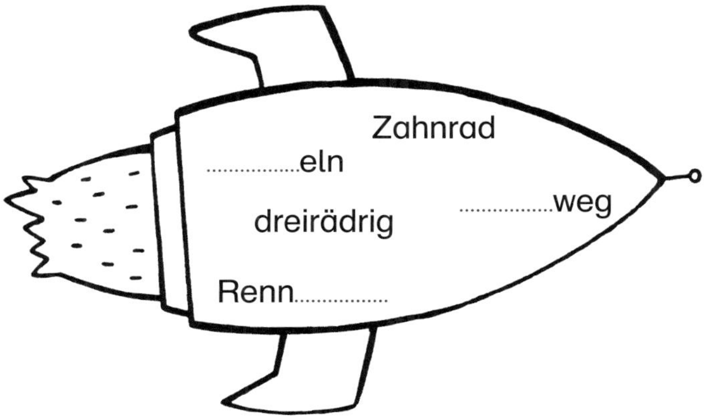

Zahnrad
..............eln
dreirädrig
..............weg
Renn..............

....

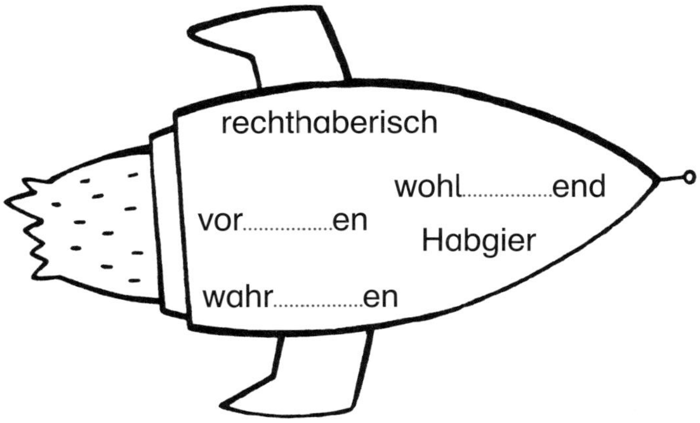

rechthaberisch
wohl..............end
vor..............en
Habgier
wahr..............en

....

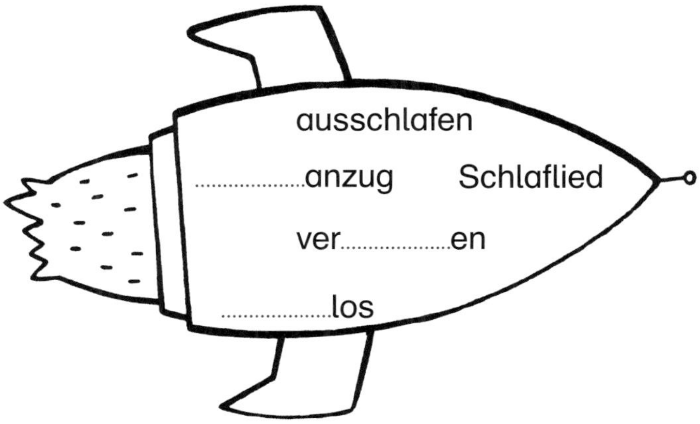

ausschlafen
..............anzug
Schlaflied
ver..............en
..............los

....

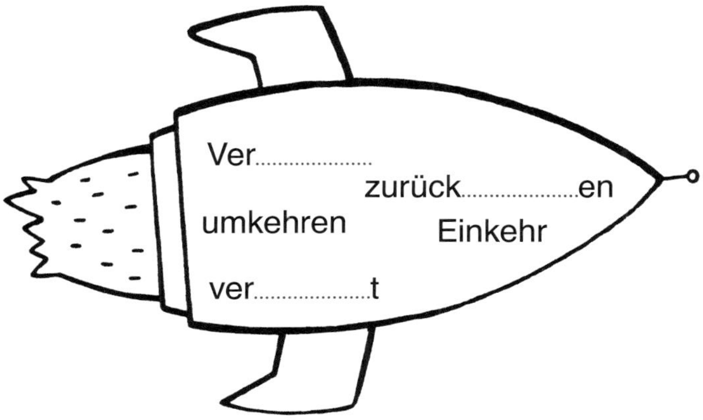

Schreibe 2 weitere Wörter der Wortfamilie unter die Raketen.

Illustrationen: Anja Boretzki

Was fehlt? (1/3)

Lies genau. Welches Wort der Wortfamilie *sehen* fehlt?
Schneide die Wörter unten aus. Lege sie an die passende Stelle.
Kontrolliere und klebe auf.

Diesen Film musst du dir __________ .

Im __________ läuft meine Lieblingssendung.

Den kleinen Fleck kann man leicht __________ .

Meine __________ lässt mit jedem Jahr nach.

Aus __________ habe ich die Blumen nicht gegossen.

Im Urlaub schauen wir viele __________ an.

Der Auftritt des Zauberers hat __________ erregt.

Es war nicht __________ , dass ein Gewitter aufzieht.

Im Museum ist die Ritterausstellung __________ .

Eine __________ sagt mir die Zukunft voraus.

Im Straßenverkehr musst du dich oft __________ .

Aufsehen	Sehkraft	Sehenswürdigkeiten	Hellseherin
Fernsehen	vorhersehbar	übersehen	ansehen
Versehen	umsehen	sehenswert	

Illustration: Anja Boretzki

Wortfamilien Was fehlt? (2/3)

Lies genau. Welches Wort der Wortfamilie *geben* fehlt? Schneide die Wörter unten aus. Lege sie an die passende Stelle. Kontrolliere und klebe auf.

Bei der Wahl kann ich eine Stimme ________.

________ mag RAMS-43 gar nicht.

Mein Bruder hat sich in ärztliche Behandlung ________.

Die ________ ist sehr schwer.

Wenn mir schlecht ist, muss ich mich manchmal ________.

Mit großer ________ spielt Simone Klavier.

Am Geburtstag liegen die Geschenke auf dem ________.

Die Lehrerin hat zu viele Hausaufgaben ________.

Die ________ der Zeitung ist ausverkauft.

Bitte ________ mir mein Heft zurück.

Meine Großeltern sind oft ________ als meine Eltern.

Hingabe	Rechenaufgabe	Wochenendausgabe	begeben
abgeben	Angeber	gib	aufgegeben
Gabentisch	übergeben	nachgiebiger	

Illustration: Anja Boretzki

Was fehlt? (3/3)

**Lies genau. Welches Wort der Wortfamilie *greifen* fehlt?
Schneide die Wörter unten aus. Lege sie an die passende Stelle.
Kontrolliere und klebe auf.**

Kim ______ nach dem roten Buntstift.

Das Schaf ______ schnell die Gelegenheit zur Flucht.

Die Feldmaus wird von einem ______ gepackt.

Mama hat all ihre Termine gut im ______.

Heute ist das Fußballteam sehr ______.

Das neu erschienene Buch ist ______.

Es ist mir ______, dass es schon wieder regnet.

Jeder durfte in die Schatzkiste ______.

Niemand rechnete mit einem ______ der Krokodile.

Bei der Tombola gelang Dani ein ______.

Bei diesem Angebot musste ich ______.

greift	unbegreiflich	angriffslustig	ergreift
zugreifen	Überraschungsangriff	vergriffen	hineingreifen
Greifvogel	Griff	Glücksgriff	

Illustration: Anja Boretzki

Wortfamilien

Finde das Lösungswort (1/3)

Welches Wort ist richtig geschrieben?
Kreuze das richtige Wort an und schreibe es in die Lücke.
Setze die Buchstaben hinter den richtigen Wörtern zu einem Lösungswort zusammen.

Hier übst du die Wortfamilien *brechen*, *formen* und *kommen*!

Bei Sturm kann ein Ast	☐ abrechen (F)	☐ abbrechen (K)
Der Pilot macht eine	☐ Bruchlandung (U)	☐ Pruchlandung (P)
Der .... der Vorstellung kam überraschend.	☐ Abruch (S)	☐ Abbruch (C)
RAMS-43 .... Besuch.	☐ bekommt (H)	☐ bekomt (U)
Die Diebin	☐ entkomt (I)	☐ entkommt (E)
Das Müsli ist sehr	☐ bekömmlich (N)	☐ bekömlich (T)
Herzlich ....!	☐ willgommen (P)	☐ willkommen (F)
Die Geschichte ist gut	☐ formuliert (O)	☐ fomuliert (L)
Die .... war teuer.	☐ Backform (R)	☐ Backforn (I)
Anni hat beim Sport ihre .... erreicht.	☐ Höchstvorm (R)	☐ Höchstform (M)

Lösungswort: ....

Außerirdischer: Bettina Weyland

Finde das Lösungswort (2/3)

**Welches Wort ist richtig geschrieben?
Kreuze das richtige Wort an und schreibe es in die Lücke.
Setze die Buchstaben hinter den richtigen Wörtern zu einem Lösungswort zusammen.**

Hier übst du die Wortfamilien *lassen, stellen* und *ziehen*!

Keno will die Möbel	☐ umstellen (U)	☐ umstelen (R)
Der Fahrradhelm wird	☐ eingeschtellt (A)	☐ eingestellt (M)
An der .... warte ich.	☐ Tankstelle (S)	☐ Tankställe (O)
Uta möchte den Ballon	☐ loslassen (T)	☐ loslasen (S)
Meine Freundin ist sehr	☐ zuverlessig (B)	☐ zuverlässig (E)
Der .... zum Konzert ist um 19 Uhr.	☐ Einlass (L)	☐ Einlahs (R)
Filly soll sich	☐ anziehen (L)	☐ anzihen (K)
Eltern .... ihre Kinder.	☐ erzien (F)	☐ erziehen (U)
Der .... dauert zwei Tage.	☐ Umzug (N)	☐ Umtsug (K)
Schokolade würde ich Eis gegenüber immer	☐ vorzien (M)	☐ vorziehen (G)

Lösungswort: ....

Außerirdischer: Bettina Weyland

Wortfamilien

Finde das Lösungswort (3/3)

Welches Wort ist richtig geschrieben?
Kreuze das richtige Wort an und schreibe es in die Lücke.
Setze die Buchstaben hinter den richtigen Wörtern zu einem Lösungswort zusammen.

Hier übst du die Wortfamilien *führen, gehen* und *sprechen*!

Tolga macht gerade seinen	☐ Führerschein (A)	☐ Fürerschein (N)
Die Reise .... nach Portugal.	☐ fürrt (E)	☐ führt (U)
Suri soll den Hund	☐ ausfüren (V)	☐ ausführen (F)
Auf dem .... liegt Laub.	☐ Gehweg (F)	☐ Geeweg (O)
Die Ferien .... schnell.	☐ vergehen (Ü)	☐ vergen (D)
Unser Kleiderschrank ist	☐ begehbar (H)	☐ begebbar (F)
Pina .... ein Eis essen.	☐ geht (R)	☐ get (Ö)
Toni soll im Theater	☐ vorsprechen (U)	☐ vorschprechen (H)
Ein .... hält man.	☐ Versprechen (N)	☐ Versbrechen (W)
Die .... dauert lange.	☐ Besprächung (I)	☐ Besprechung (G)

Lösungswort: ....

Außerirdischer: Bettina Weyland

Wortfamilien

Die häufigsten Wortfamilien üben (1/3)

Lies das Verb. Fülle die 1. und 2. Spalte der Tabelle aus. Markiere den Wortstamm gelb: *arbeiten, ich arbeite* Knicke das Blatt an der gestrichelten Linie nach hinten und drehe das Blatt um. Kannst du das Verb auswendig aufschreiben?

	Schreibe das Wort ab:	Schreibe das Wort in der Ich-Form:	Schreibe das Wort auswendig auf:
arbeiten	arbeiten	ich arbeite	arb...
binden			
brechen			
bringen			
denken			
drücken			
fahren			
fallen			
fliegen			
formen			
führen			
geben			
gehen			

Finde zu jedem Verb noch mindestens 2 Wörter dieser Wortfamilie, zum Beispiel: *arbeiten: der Arbeiter, arbeitsreich …*

Illustration: Anja Boretzki

Die häufigsten Wortfamilien üben (2/3)

Lies das Verb. Fülle die 1. und 2. Spalte der Tabelle aus. Markiere den Wortstamm gelb: *greifen, ich greife* Knicke das Blatt an der gestrichelten Linie nach hinten und drehe das Blatt um. Kannst du das Verb auswendig aufschreiben?

	Schreibe das Wort ab:	Schreibe das Wort in der Ich-Form:	Schreibe das Wort auswendig auf:
greifen	greifen	ich greife	
halten			
hängen			
kommen			
lassen			
laufen			
liegen			
reifen			
reißen			
schlagen			
schließen			
schneiden			
schreiben			

Finde zu jedem Verb noch mindestens 2 Wörter dieser Wortfamilie, zum Beispiel: *greifen: der Greifarm, begreifen …*

Illustration: Anja Boretzki

Die häufigsten Wortfamilien üben (3/3)

Lies das Verb. Fülle die 1. und 2. Spalte der Tabelle aus. Markiere den Wortstamm gelb: *sehen, ich sehe* Knicke das Blatt an der gestrichelten Linie nach hinten und drehe das Blatt um. Kannst du das Verb auswendig aufschreiben?

	Schreibe das Wort ab:	Schreibe das Wort in der Ich-Form:	Schreibe das Wort auswendig auf:
sehen	sehen	ich sehe	
sitzen			
spielen			
sprechen			
steigen			
stellen			
teilen			
tragen			
treten			
weisen			
werfen			
zahlen			
ziehen			

Finde zu jedem Verb noch mindestens 2 Wörter dieser Wortfamilie, zum Beispiel: *sehen: die Sehkraft, ansehen …*

Illustration: Anja Boretzki

Gemischte Aufgaben (1/2)

**Welche Wörter gehören zur selben Wortfamilie?
Male die passenden Puzzleteile in der gleichen Farbe an.**

umfahren | gebrochen | Fahrbahn | Bauarbeiten

arbeitsreich | Verbindung | aufbrechen | geflogen

Flugzeug | verbunden | Anhänger

Zahl

abhängen | zählen | Sitzsack

Greifvogel

aufsitzen | zerteilen | angreifbar

liegend

aufteilen | hinfallen | Liegestuhl

ausdenken

Wasserfall | Backform | Gedanken

verformen | ansehen | sehend

Richtig oder falsch? Kreuze an.

Wörter einer Wortfamilie beschreiben, was jemand tut.	☐ richtig	☐ falsch
Eine Wortfamilie hat den gleichen Wortstamm.	☐ richtig	☐ falsch
Der Wortstamm kann sich manchmal ändern.	☐ richtig	☐ falsch
Baumhaus und *bauen* gehören zu einer Wortfamilie.	☐ richtig	☐ falsch

Gemischte Aufgaben (2/2)

Welche Wörter gehören zur selben Wortfamilie?
Male die passenden Puzzleteile in der gleichen Farbe an.

Vergebung | verbringen | Haltung | Sprachen
Druckknopf | Führung | gedrückt | Einstellung
umgehen | behalten | Gehweg | ankommen
bestellen | spielte
wegkommen | führt
gelassen | absteigen
lief | Gelassenheit
gereift | reif
Spielplatz | überlaufen
Gespräch | gezogen
Umzug | aufsteigen | bringen | gibt

Richtig oder falsch? Kreuze an.

Eine Wortfamilie besteht immer nur aus Nomen.	☐ richtig	☐ falsch
Beim Wortstamm ändern sich nur die Konsonanten.	☐ richtig	☐ falsch
Der Wortstamm von *verschönern* ist *schön*.	☐ richtig	☐ falsch
abschreiben und *Stift* gehören zu einer Wortfamilie.	☐ richtig	☐ falsch

Liste wichtiger Wortfelder (1/2)

Wortfeld gehen:

balancieren, hüpfen, huschen, krabbeln, marschieren, poltern, robben, rutschen, schlittern, schlurfen, schreiten, sich bewegen, spazieren, stampfen, stolpern, stolzieren, tänzeln, torkeln, trampeln, trotten, wandern

langsam gehen:
bummeln, hinken, humpeln, kriechen, lahmen, schleichen, schlendern, schwanken, stapfen, stiefeln, taumeln, trödeln, wanken, waten, watscheln

schnell gehen:
drängeln, eilen, flitzen, flüchten, hasten, hetzen, jagen, joggen, laufen, rasen, rennen, sausen, sich beeilen, sich sputen, springen, sprinten, spurten, stürzen, verfolgen, wetzen

Wortfeld machen/tun:

abschließen, ändern, anfangen, anfertigen, arbeiten, ausführen, ausüben, basteln, beenden, befassen, beginnen, bereiten, beschäftigen, bewältigen, bewirken, durchführen, erledigen, erstellen, erzeugen, fertigen, gestalten, handeln, herstellen, meistern, organisieren, schaffen, schließen, tüfteln, üben, unternehmen, veranlassen, veranstalten, verrichten, versuchen, vollbringen, werkeln, zubereiten, zugreifen

Wortfeld sehen:

absuchen, anpeilen, anschauen, begutachten, belauern, bemerken, beobachten, beschatten, besichtigen, bespitzeln, bestaunen, betrachten, bewundern, blicken, blinzeln, entdecken, erkennen, erspähen, fixieren, gaffen, glotzen, gucken, hinschauen, linsen, luchsen, mustern, prüfen, schauen, schielen, sichten, spicken, spionieren, studieren, registrieren, überwachen, wahrnehmen

Liste wichtiger Wortfelder (2/2)

Wortfeld sagen:

sprechen und erzählen:
äußern, befehlen, begründen, behaupten, bemerken, berichten, beschreiben, bitten, einwenden, empfehlen, erklären, erwähnen, fortfahren, hinzufügen, kritisieren, loben, plaudern, reden, sagen, schildern, sich erkundigen, sich unterhalten, spotten, tadeln, überlegen, vermuten, verteidigen, vortragen

leise sprechen:
flüstern, hauchen, murmeln, raunen, tuscheln, wispern

laut sprechen:
aufbrausen, brüllen, grölen, lärmen, protestieren, rufen, schimpfen, schreien, wettern

sich freuen:
jauchzen, jubeln, lachen, scherzen, spaßen, toben, witzeln

Wortfeld sagen:

antworten:
bemerken, einwenden, einwilligen, entgegnen, entscheiden, erwidern, meinen, sich bedanken, verbessern, versichern, versprechen, widersprechen, wiederholen, zugeben, zustimmen

fragen:
anfragen, befragen, betteln, bitten, bohren, grübeln, knobeln, löchern, nachfragen, rätseln, sich erkundigen, sich informieren, sich interessieren, sich wenden an, tüfteln, wissen wollen, zurückfragen

klagen:
ächzen, heulen, jammern, meckern, murren, quengeln, schelten, schimpfen, schluchzen, seufzen, sich beschweren, stöhnen, weinen, wimmern

Wortfeld fahren:

befördern, brausen, chauffieren, donnern, düsen, fliegen, flitzen, fortbewegen, gleiten, gondeln, heizen, jagen, kriechen, kutschieren, lenken, paddeln, preschen, radeln, rasen, rattern, reisen, rollen, rudern, sausen, schleichen, schleudern, segeln, starten, steuern, tuckern, zuckeln

Suchsel: Wortfeld *gehen*

Gehen kannst du auf verschiedene Art und Weise, zum Beispiel schnell oder langsam. Finde im Suchsel 12 Wörter des Wortfeldes *gehen*. Trage sie in die richtige Spalte ein.

C	F	E	N	B	U	M	M	E	L	N	T
K	R	I	E	C	H	E	N	Z	O	F	R
F	S	C	H	L	E	N	D	E	R	N	Ö
L	W	V	H	E	T	Z	E	N	M	R	D
I	A	R	G	E	N	H	W	L	D	E	E
T	T	W	S	A	U	S	E	N	Ü	N	L
Z	E	J	K	O	L	E	N	D	S	N	N
E	N	Z	I	E	J	L	U	M	E	E	S
N	S	P	R	I	N	T	E	N	N	N	B
P	S	C	H	L	E	I	C	H	E	N	A

langsam gehen	schnell gehen
....	....
....	....
....	....
....	....
....	....
....	....

Wähle 3 Verben aus und bewege dich so ein paar Sekunden durch den Raum, auf dem Gang oder auf dem Pausenhof.

Illustration: Anja Boretzki

Suchsel: Wortfeld sagen

Sprechen kannst du auf verschiedene Art und Weise, zum Beispiel laut oder leise. Finde im Suchsel 12 Wörter des Wortfeldes *sagen*. Trage sie in die richtige Spalte ein.

I	C	Z	J	W	I	S	P	E	R	N	G
K	S	C	H	R	E	I	E	N	T	R	R
R	B	F	L	S	C	M	I	N	M	U	Ö
E	R	F	L	Ü	S	T	E	R	N	F	L
I	Ü	L	E	B	N	R	W	K	P	E	E
S	L	Ä	H	A	U	C	H	E	N	N	N
C	L	R	M	T	U	S	C	H	E	L	N
H	E	M	S	C	S	H	M	P	G	E	N
E	N	E	E	R	A	U	N	E	N	H	C
N	L	N	B	F	M	U	R	M	E	L	N

etwas leise sagen	etwas laut sagen
....	....
....	....
....	....
....	....
....	....
....	....

Wähle 3 Verben für *laut sprechen* aus und flüstere sie einer anderen Person im Klassenzimmer ins Ohr.

Illustration: Anja Boretzki

Wortfelder

Nomen sortieren (1/3)

Wörter eines Wortfeldes kann man manchmal noch genauer in Untergruppen einteilen.

Sortiere die Nomen der Wortfelder *Kleidung* und *Fahrzeuge* in die Untergruppen.

~~Bluse~~ Fahrrad Strumpfhose Wintermantel Kanu Weste Rock Sandalen Bus Gummistiefel Roller Segelschiff Pullover Raumschiff Jeans Lieferwagen Badehose Flugzeug Hubschrauber Kajak Turnschuhe Schlauchboot Winterstiefel Heißluftballon

Kleidung

Oberteile:	Unterteile:	Schuhe:
Bluse		

Fahrzeuge

Wasserfahrzeuge:	Luftfahrzeuge:	Landfahrzeuge:

Außerirdischer: Bettina Weyland

Nomen sortieren (2/3)

Wörter eines Wortfeldes kann man manchmal noch genauer in Untergruppen einteilen.

Sortiere die Nomen der Wortfelder *Tiere* und *Essen* in die Untergruppen.

~~Biene~~ *Toastbrot* *Sahne* *Joghurt* *Kaninchen* *Delfin* *Fliege* *Quark* *Banane* *Orange* *Amsel* *Giraffe* *Eisbär* *Steinadler* *Himbeere* *Frischkäse* *Storch* *Brezel* *Marienkäfer* *Hummel* *Brötchen* *Vollkornbrot* *Blaumeise* *Aprikose*

Tiere

Insekten:	Säugetiere:	Vögel:
Biene		

Essen

Obst:	Milchprodukte:	Backwaren:

Nomen sortieren (3/3)

Wörter eines Wortfeldes kann man manchmal noch genauer in Untergruppen einteilen.

Sortiere die Nomen der Wortfelder *Pflanzen* und *Sportarten* in die Untergruppen.

~~Buche~~ *Tulpe* *Seegras* *Judo* *Birke* *Nelke* *Rodeln* *Eiche* *Alge* *Ahorn* *Skispringen* *Hockey* *Karate* *Fußball* *Rose* *Boxen* *Seerose* *Basketball* *Handball* *Kickboxen* *Veilchen* *Eiskunstlauf* *Wassersalat* *Skifahren*

Pflanzen

Bäume:	Blumen:	Wasserpflanzen:
Buche		

Sportarten

Kampfsportarten:	Wintersportarten:	Teamsportarten:

Außerirdischer: Bettina Weyland

Wortfelder sortieren (1/3)

Male an: Wörter vom Wortfeld *sehen* blau,
Wörter vom Wortfeld *machen* gelb.

~~anblicken~~ durchführen mustern zubereiten blicken beenden beobachten arbeiten unternehmen anstarren blinzeln verrichten werkeln versuchen schaffen herstellen glotzen schauen beginnen stieren betrachten gaffen

Schreibe die Wörter unter das richtige Ufo.

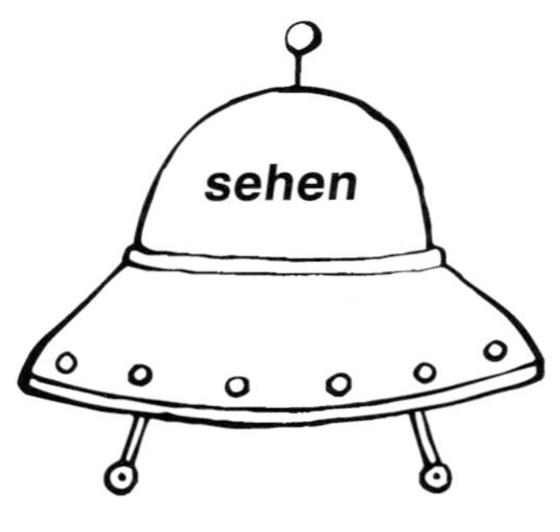

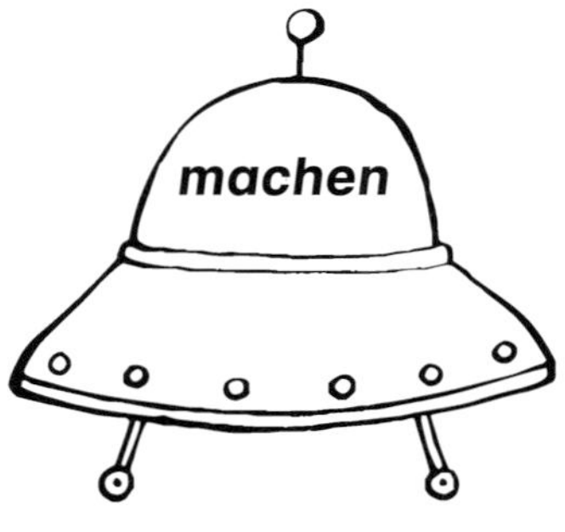

anblicken, ...

Schreibe jedes Wortfeld nach dem Alphabet sortiert auf.

Wortfelder

Wortfelder sortieren (2/3)

Male an: Wörter vom Wortfeld *fragen* blau,
Wörter vom Wortfeld *gehen* gelb.

schlurfen
rennen
hüpfen
schreiten
rätseln
~~befragen~~
bitten
sich informieren
wissen wollen
schlittern
tänzeln
sich erkundigen
spazieren
stolzieren
zurückfragen
stolpern
nachfragen
krabbeln
löchern
anfragen
erbitten
marschieren

Schreibe die Wörter unter das richtige Ufo.

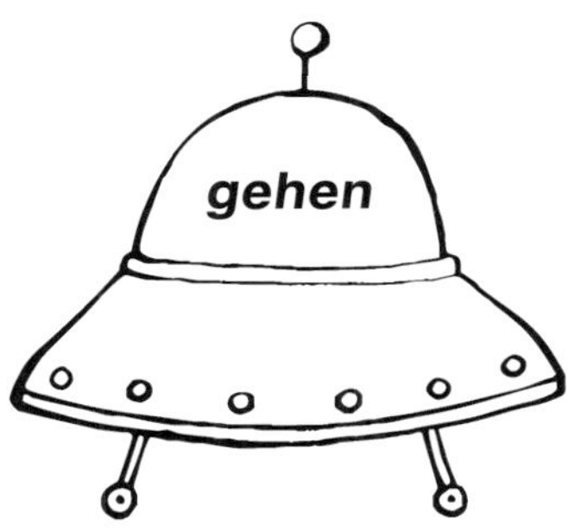

befragen,

Schreibe jedes Wortfeld nach dem Alphabet sortiert auf.

Illustrationen: Anja Boretzki

Wortfelder sortieren (3/3)

Male an: Wörter vom Wortfeld *fahren* blau, Wörter vom Wortfeld *antworten* gelb.

~~rasen~~ rollen beantworten preschen bestätigen dagegenhalten flitzen reagieren tuckern einwenden kurven sausen befördern erwidern gleiten kontern zustimmen entgegnen steuern widersprechen entgegenhalten düsen

Schreibe die Wörter unter das richtige Ufo.

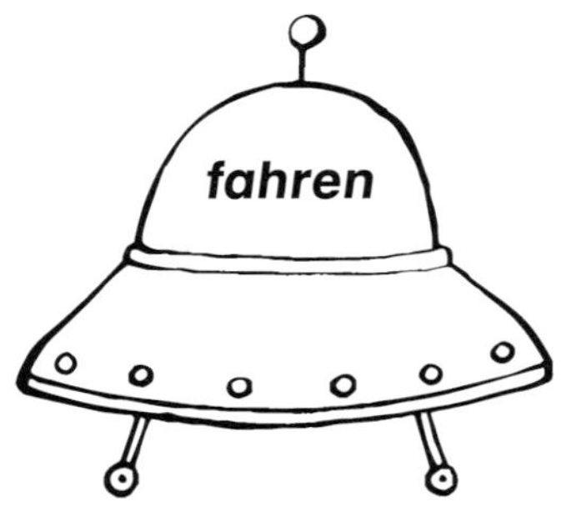

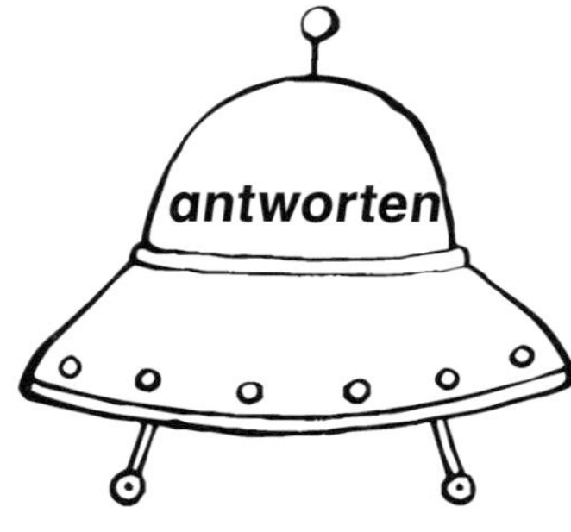

rasen,

Schreibe jedes Wortfeld nach dem Alphabet sortiert auf.

Illustrationen: Anja Boretzki

Lückentext: Wortfeld *sagen* (1/2)

Welche Wörter aus dem Wortfeld *sagen* passen in die Geheimschrift? Trage ein.

Heute ist RAMS-43 auf dem Jahrmarkt. Aufgeregt stellt er sich

beim Riesenrad an. „Was kostet eine Fahrkarte?", ______ er

THORE-6, den Verkäufer. „5 Euro!", ______ dieser.

„Dann möchte ich eine Karte", ______ RAMS-43.

Plötzlich wird er von hinten geschubst und dreht sich empört um.

„Was soll das?", ______ er lautstark. „Oh, das war

keine Absicht!", ______ VALA-71.

Sie ______ ______: „Darf ich dich als Entschuldigung

nachher auf eine Planetenpizza einladen?"

Erfreut ______ RAMS-43: „Oh ja, sehr gern!"

„Lass uns zuerst gemeinsam Riesenrad fahren", ______ VALA-71.

Schon sind sie an der Reihe und die Fahrt beginnt. Als sie ganz oben sind,

______ beide: „Was für ein toller Ausblick!"

antwortet

bittet

meckert

jubeln

meint

fragt

schlägt vor

bestätigt

beschwichtigt

Schreibe die Geschichte weiter.
Benutze möglichst viele Wörter des Wortfeldes *sagen*.

Lückentext: Wortfeld sagen (2/2)

Welche Wörter aus dem Wortfeld *sagen* passen in die Lücken? Trage ein.

Tipp:
Nutze eine Wortfeldliste. Es gibt verschiedene Lösungsmöglichkeiten!

Es ist Sonntag und RAMS-43 geht zum Flohmarkt. Gleich beim ersten Stand entdeckt er einen Stapel Bücher seiner Lieblingskrimis. „Was kostet ein Buch?", ... er. Die Verkäuferin ....: „2 Euro pro Buch." „Das ist aber teuer. Die Bücher sind in keinem guten Zustand!", ... RAMS-43. „Vielleicht können wir verhandeln?", ... er. Die Verkäuferin ....: „In Ordnung. Nimmst du alle 4 Bände, bekommst du sie für 5 Euro." RAMS-43 ....: „Super, das ist ein fantastisches Angebot! Ich nehme sie!" Zufrieden läuft er weiter und trifft XOBO-12. Begeistert .... RAMS-43 von seinem Schnäppchen. XOBO-12 ....: „Schau mal, was ich gefunden habe: eine Tüte Murmeln für meine Kugelbahn!" Die beiden wollen nun weiter nach guten Angeboten suchen. Bald schon kommen sie an einen Stand mit vielen Spielen. „Würfel dich schlau – kennst du das?", ... RAMS-43 XOBO-12. „Nein, aber wollen wir es kaufen und zusammen ausprobieren?", ... er. Der Verkäufer ....: „Für 3 Euro gehört das Spiel euch." XOBO-12 ....: „Danke, das nehmen wir mit!"

Lückentext: Wortfeld *gehen* (1/2)

Welche Wörter aus dem Wortfeld *gehen* passen in die Geheimschrift? Trage ein.

RAMS-43 ist auf dem Weg zu seiner Oma. Sie feiert ihren 231. Geburtstag. RAMS-43 muss ______ ______, denn er hat noch keine Blumen gekauft. Zügig ______ er los und ______ die Rumpelgasse entlang, dann rechts in die Sternenallee bis zum Blumenladen von HÜAZINT-88. Atemlos ______ er hinein. „Einen bunten Strauß, bitte!“, keucht er. HÜAZINT-88 ______ durch den Laden und bindet einen wunderschönen Strauß zusammen. Erleichtert ______ RAMS-43 zur Kasse, bezahlt und ______ aus dem Laden. „Alles Gute!“, schreit RAMS-43 schon von Weitem. Schließlich ______ er Oma vor die Füße. Er legt den Arm um sie und gemeinsam ______ sie in den Garten und genießen einen Apfelkuchen mit Sternenstaub.

- rast
- sich beeilen
- läuft
- taumelt
- schlittert
- hüpft
- rennt
- stürzt
- schlendern

Schreibe die Geschichte weiter.
Benutze möglichst viele Wörter des Wortfeldes *gehen*.

Illustration: Anja Boretzki

Lückentext: Wortfeld *gehen* (2/2)

Welche Wörter aus dem Wortfeld *gehen* passen in die Lücken? Trage ein.

Tipp:
Nutze eine Wortfeldliste. Es gibt verschiedene Lösungsmöglichkeiten!

An einem strahlend schönen Sommermorgen .... RAMS-43 auf die Spitze des Kiribalu-Vulkans. Voller Elan .... er los. Anfangs .... RAMS-43 nur leicht bergauf, doch dann wird es immer steiler. Bald kommt er ins Schwitzen. Er .... über eine Wurzel und sein rechtes Bein tut ihm etwas weh. Zum Glück entdeckt er einen kleinen Bach. Er .... ein paar Schritte durch das kühle Nass. Der Schmerz lässt nach und munter .... er weiter. Nach 5 Minuten erreicht er eine Weggabelung. Leider sind die Hinweisschilder verwittert. RAMS-43 entscheidet sich für den rechten Pfad und .... weiter. Dieser Weg sieht abenteuerlich aus. Plötzlich versperrt ein dicker, umgestürzter Baumstamm den Weg. Zuerst versucht RAMS-43, durch eine Lücke zwischen Stamm und Boden zu .... Leider klappt das nicht. RAMS-43 nimmt Anlauf und .... Geschafft! Jetzt ist es nicht mehr weit. Vorsichtig .... er über einen steilen Geröllpfad bis zur Spitze. Endlich hat er das Ziel erreicht. Vor Freude .... er in die Luft!

Male eine zur Geschichte passende Landkarte. Zeichne den Weg von RAMS-43 ein.

Sätze bearbeiten: Wortfeld schön

Lies genau. Welches Wort passt? Schneide die Wörter unten aus. Lege sie an eine passende Stelle und zeige deine Lösung deinem Lehrer oder deiner Lehrerin. Klebe danach auf.

Die erfrischende Limonade prickelt ________ auf der Zunge.

Wie ________ ist der Ausblick auf den Sternenhimmel heute?

Die Massage war sehr ________.

Dass du uns besucht hast, fand ich ________!

Deine neue Jacke ist ________.

Mein Lächeln ist ________ nach dem Zähneputzen.

War der Ausflug auf die Burg ________?

Die Braut sah gestern einfach ________ aus.

Bist du krank, ist ein Tee sehr ________.

Oma und Opa finden die Einrichtung in ihrem Hotel ________.

Auf Mauritius sind die Strände ________.

Der Sprung vom Dreimeterbrett war ________.

Das hast du ________ gemacht!

Achtung!
Es gibt verschiedene Lösungsmöglichkeiten!

wunderbar	strahlend	fantastisch	malerisch
geschmackvoll	elegant	großartig	hübsch
bezaubernd	herrlich	traumhaft	wohltuend
angenehm			

Außerirdischer: Bettina Weyland

Wortfelder

Sätze bearbeiten: Wortfeld gut

 **Lies genau. Welches Wort passt? Schneide die Wörter unten aus. Lege sie an eine passende Stelle und zeige deine Lösung deinem Lehrer oder deiner Lehrerin. Klebe danach auf.**

Jette hat den Weg aus dem Labyrinth ______ gemeistert.

Hast du die Fahrprüfung ______ abgeschlossen?

Die Suppe hat ______ geschmeckt.

Ahmet trug ______ die schwere Einkaufstasche.

Beim Fahrradausflug ist ein Flickset ______.

Ein Taschenmesser im Urlaub ist ______.

Die neue Uhr von Tante Ela sieht ______ aus.

Der Besucher verabschiedet sich ______.

Dieser Nachtisch war einfach ______.

Bei einem Spendenlauf mitmachen ist ______.

Die Begrüßung war sehr ______.

Ich mag dich, du bist ______.

Die Kinder haben sich im Theater ______ benommen.

Achtung!
Es gibt verschiedene Lösungsmöglichkeiten!

sinnvoll	lobenswert	tadellos	edel
ausgezeichnet	hilfsbereit	vorzüglich	herzlich
nützlich	liebenswert	freundlich	erstklassig
erfolgreich			

Außerirdischer: Bettina Weyland

Sätze bearbeiten: Wortfeld machen/tun

 **Streiche in den Sätzen die Formen von „machen“ oder „tun“ durch. Ersetze sie durch passende Wörter aus der Wortfeldliste.**

basteln
Wir ~~machen~~ einen bunten Stern.

Morgen möchte ich den Sprung vom Dreimeterturm machen.

Am Samstag machen wir etwas Schönes.

Kannst du aus Wolle eine Kordel machen?

Ein Wunder zu machen, ist unwahrscheinlich.

Die Autorin will das Buch nach 367 Seiten endlich machen.

Opa will ein Vogelhaus machen.

Ich mache mit Urlaubsbildern ein Fotobuch.

Jo macht viel für die Fahrradprüfung.

RAMS-43 will eine Pizza machen.

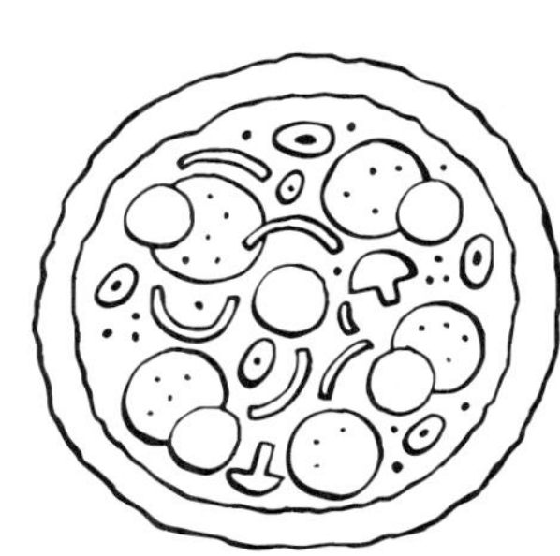

Pilar hat heute noch viel Arbeit zu machen.

Die Theatergruppe will gern eine Generalprobe machen.

Bei einer Platzwunde muss man schnell machen.

Durch ein Windrad kann man Strom machen.

Illustrationen: Anja Boretzki

Kreuzworträtsel: Wortfeld machen/tun

Löse das Kreuzworträtsel. Trage die Buchstaben des Lösungsworts unten ein.

1. Weil es kalt ist, … wir das Fenster.
2. Forschende … ständig an neuen Erfindungen.
3. Mila möchte einen Hund …
4. Man sollte die Wohnungstür gut …
5. Zum Schuljahresende … wir ein Klassenfest.
6. Spiegeleier kann ich schon allein …
7. Lass uns …, Freunde zu werden.
8. Du solltest dein Verhalten dringend …
9. Meine Mutter muss täglich bis 18 Uhr …
10. Sich bei Langeweile zu …, ist schwierig.
11. In den Ferien … Familien manchmal Ausflüge.
12. Polizistinnen und Polizisten müssen Verkehrskontrollen …

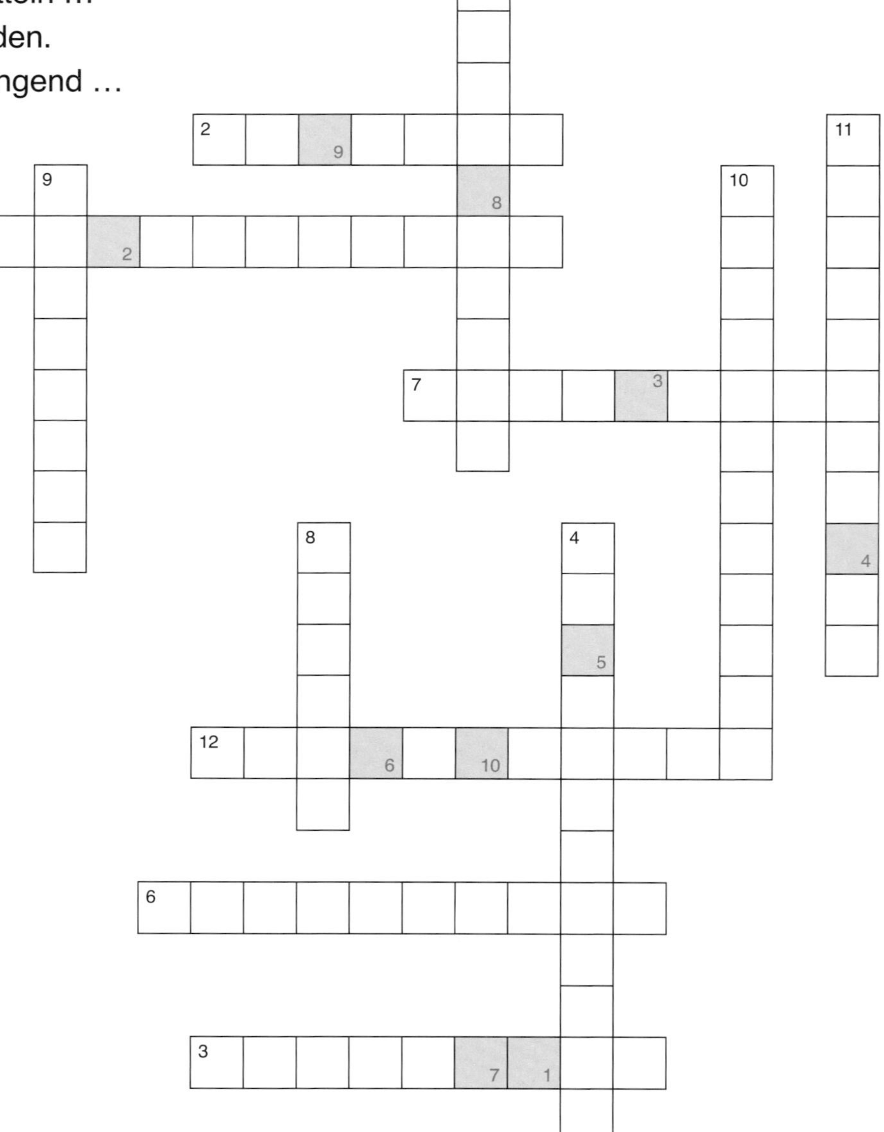

Tipps!
Setze die Verben immer in der Grundform (Infinitiv) ein.
Du findest alle Wörer auf der Wortfeldliste.
Umlaute (ä, ö, ü) schreibst du wie immer, statt ß schreibst du ss.

Lösungswort:

Außerirdischer: Bettina Weyland

Wortfelder

Gemischte Aufgaben (1/2)

Welche Wörter haben die gleiche Bedeutung?
Male die passenden Puzzleteile in der gleichen Farbe an.

rennen

sich erkundigen

überlegen

erwidern

flüstern

ausfragen

beenden

verrühren

anfangen

aufhören

äußern

stampfen

hinken

betrachten

zerstückeln

trampeln

antworten

aushorchen

wispern

vermischen

ansehen

rasen

beginnen

schreien

schneiden

sich informieren

kreischen

nachdenken

meinen

humpeln

Richtig oder falsch? Kreuze an.

Wörter eines Wortfeldes haben eine gleiche oder ähnliche Bedeutung.	☐ richtig	☐ falsch
sprechen und *rennen* gehören zum gleichen Wortfeld.	☐ richtig	☐ falsch
Ein Wortfeld kann auch aus Nomen bestehen.	☐ richtig	☐ falsch
Das Wortfeld *gehen* besteht aus 10 Wörtern.	☐ richtig	☐ falsch

Illustration: Anja Boretzki

Gemischte Aufgaben (2/2)

Welche Wörter haben die gleiche Bedeutung?
Male die passenden Puzzleteile in der gleichen Farbe an.

reden
heulen
sausen
jubeln
herstellen
lachen
rutschen
mischen

garnieren
lenken
jammern
braten
brüllen
bestaunen
wandern

schlittern
fertigen
jauchzen
eilen
sprechen
marschieren
weinen
bewundern

lärmen
steuern
mixen
klagen
rösten
verzieren
kichern

Richtig oder falsch? Kreuze an.

Fische und *Vögel* sind Untergruppen des Wortfeldes *Tiere*.	☐ richtig	☐ falsch
Durch Wortfelder übst du, genauer zu beschreiben.	☐ richtig	☐ falsch
Murmeln und *Murmelbahn* gehören zu einem Wortfeld.	☐ richtig	☐ falsch
In einem Wortfeld sind nur Wörter einer Wortart.	☐ richtig	☐ falsch

Illustration: Anja Boretzki

Wörter-Bingo (1/3)

Anleitung:
Es müssen mindestens 3 Kinder mitspielen, ein Kind ist die Spielleitung.
Die Spielleitung wählt eine Wortliste aus.
Schreibe in jedes Feld ein Wort der vorgegebenen Wortliste.
Die Spielleitung nennt ein Wort. Hast du das Wort, kreuze es an.
Wer zuerst 4 Felder waagerecht (←→), senkrecht (↑↓) oder diagonal (↙↗) angekreuzt hat, ruft „Bingo!".

Achtung!
Du gewinnst nur, wenn deine Wörter richtig geschrieben sind.

Außerirdischer: Bettina Weyland, Junge: Anja Boretzki

Spiele

Wörter-Bingo: Wortfamilien (2/3)

laufen:

Ablauf, ablaufen, anlaufen, Auflauf, einlaufen, Eislauf, entlaufen, erlaufen, geläufig, hinlaufen, Kreislauf, Langläufer, Laufbahn, Laufband, lauffaul, laufstark, mitlaufen, Mitläufer, nachlaufen, überlaufen, verlaufen, vorläufig, weiterlaufen, zerlaufen, zulaufen

fallen:

Abfall, Anfall, anfällig, auffallen, auffällig, Beifall, einfallen, einfallslos, Ernstfall, fällen, Fallschirm, Gefälle, gefallen, hinfallen, Rückfall, Sonderfall, straffällig, überfallen, umfallen, Unfall, Vorfall, wegfallen, zerfallen, Zufall, zufällig

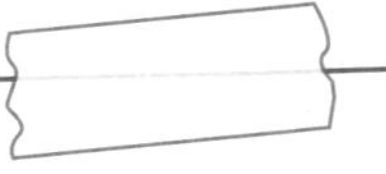

denken:

Andenken, ausdenken, bedenken, denkbar, denkfaul, Denkfehler, Denkmal, Denkweise, Denkzettel, Gedächtnis, Gedanke, gedankenlos, Gedankenstrich, gedanklich, gedenken, Grundgedanke, mitdenken, nachdenken, überdenken, umdenken, unbedacht, verdächtig, Vordenker, wegdenken, Wunschdenken

tragen:

abtragen, Antrag, auftragen, beauftragen, Beitrag, beitragen, Briefträger, eintragen, Ertrag, ertragen, Gepäckträger, leidtragend, nachtragend, nachträglich, tragbar, Trage, Tragegriff, trägerlos, übetragen, unerträglich, untragbar, Vertrag, vertragen, Vortrag, zutragen

Erstelle selbst eine Wörterliste für ein Wortfamilien-Bingo.

....

....

....

....

....

Spiele

Wörter-Bingo: Wortfelder (3/3)

gehen:

balancieren, bummeln, flitzen, hetzen, hüpfen, huschen, krabbeln, marschieren, poltern, rennen, robben, rutschen, schlittern, schlurfen, schreiten, spazieren, stampfen, stolpern, stolzieren, tänzeln, torkeln, trampeln, trotten, wandern, waten

machen/tun:

ändern, anfangen, anfertigen, arbeiten, ausführen, basteln, beenden, befassen, beginnen, beschäftigen, durchführen, erledigen, erstellen, fertigen, gestalten, handeln, herstellen, meistern, organisieren, schaffen, tüfteln, unternehmen, verrichten, werkeln, zubereiten

sehen:

absuchen, anpeilen, anschauen, begutachten, belauern, bemerken, beobachten, besichtigen, bestaunen, betrachten, bewundern, blicken, blinzeln, entdecken, erkennen, erspähen, glotzen, gucken, hinschauen, linsen, mustern, schauen, schielen, spionieren, wahrnehmen

sprechen:

äußern, befehlen, begründen, behaupten, bemerken, berichten, beschreiben, bitten, einwenden, empfehlen, erklären, erwähnen, erzählen, hinzufügen, loben, plaudern, reden, sagen, schildern, spotten, tadeln, überlegen, vermuten, verteidigen, vortragen

Erstelle selbst eine Wörterliste für ein Wortfelder-Bingo.

....

....

....

....

....

Pantomimekarten: Wortfeld gehen

Anleitung:
Schneidet die Karten aus. Legt sie verdeckt auf einen Stapel. Ein Kind zieht eine Karte und macht pantomimisch vor, was darauf zu sehen ist. Die anderen Kinder raten. Wer richtig rät, darf als Nächstes eine Karte ziehen.

Achtung!
Sprechen verboten!

balancieren	hüpfen	robben	marschieren
stampfen	schlurfen	stolzieren	tänzeln
humpeln	schleichen	schwanken	watscheln
rennen	eilen	krabbeln	stolpern

Außerirdischer: Bettina Weyland

LÖSUNGEN

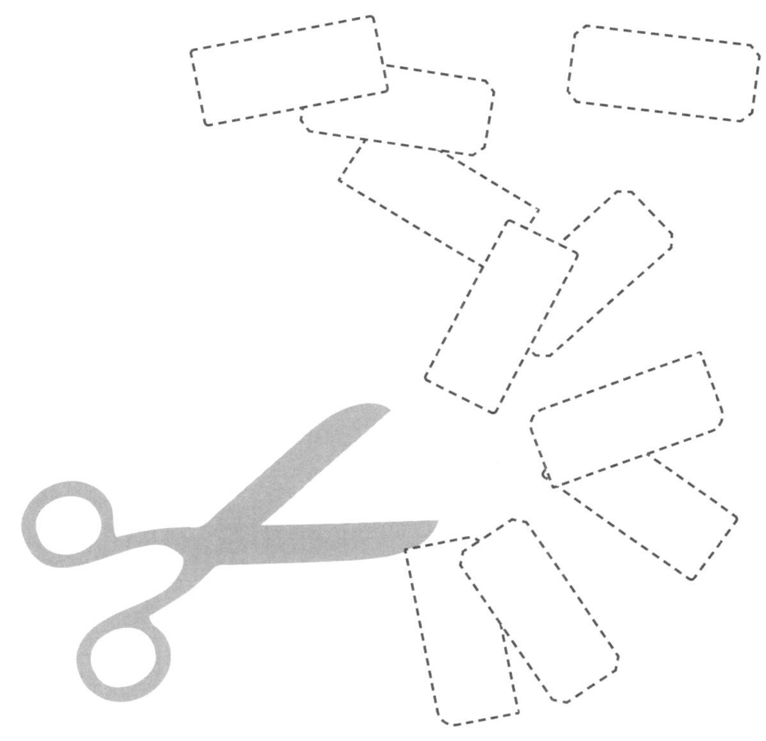

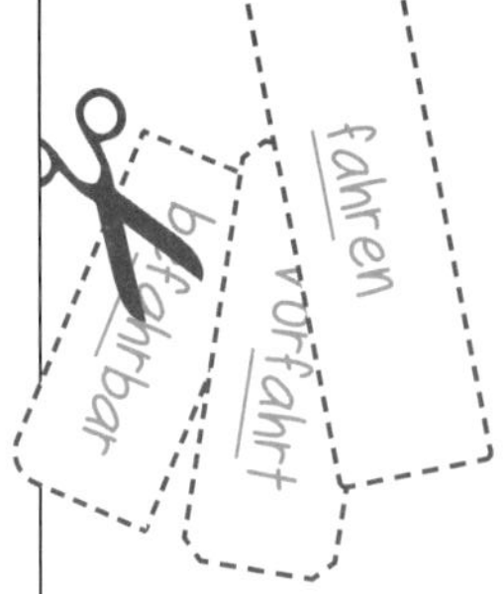

Lösungen

Wortfamilien – Wortstamm erkennen (1/4)

Welche Wörter haben den gleichen Wortstamm und gehören zu einer Wortfamilie? Kreuze an. Markiere den Wortstamm gelb.

-sonn-	☒ sonnig	☒ Sonnenschirm	☐ sommerlich	☒ Sonnenschein
-kleb-	☒ Klebestift	☒ zukleben	☒ klebrig	☐ einleben
-lehn-	☒ anlehnen	☐ Lenker	☒ Lehne	☒ abgelehnt
-sport-	☐ Specht	☒ Sporthose	☒ sportlich	☒ Ballsport
-fang-	☒ gefangen	☐ Finger	☒ Fangspiel	☒ einfangen
-schneid-	☒ Schneidebrett	☒ abschneiden	☒ verschneiden	☐ verschieben
-brenn-	☐ brummen	☒ brennbar	☒ anbrennen	☒ Brennstoff
-ehr-	☒ verehren	☐ Ernte	☒ ehrlich	☒ Ehrlichkeit
-kind-	☒ kindlich	☒ Schulkind	☐ Kinn	☒ Kindergarten
-wehr-	☒ Abwehr	☐ werden	☒ Feuerwehr	☒ verwehren
-fall-	☒ Unfall	☒ umfallen	☒ Abfall	☐ Tierfell
-spring-	☐ versingen	☒ Springseil	☒ abspringen	☒ Springerin
-dank-	☒ dankbar	☐ tanken	☒ bedanken	☒ Dankbarkeit

Illustration: Anja Boretzki

Wortfamilien – Wortstamm erkennen (2/4)

Welche Wörter haben den gleichen Wortstamm und gehören zu einer Wortfamilie? Kreuze an. Markiere den Wortstamm gelb.

-kopf-	☒ Kopfball	☒ kopflastig	☐ Knopf	☒ Kopfstand
-brat-	☐ Holzbrett	☒ gebraten	☒ Bratpfanne	☒ anbraten
-reis-	☒ verreisen	☐ zerreißen	☒ Reisegruppe	☒ reiselustig
-fahr-	☐ farbig	☒ verfahren	☒ fahrtüchtig	☒ Hinfahrt
-mal-	☒ Maler	☐ mahlen	☒ anmalen	☒ malerisch
-find-	☐ verbinden	☒ Erfindung	☒ vorfinden	☒ Erfinderin
-such-	☒ Untersuchung	☐ Meeresbucht	☒ Besuch	☒ versuchen
-kauf-	☒ verkauft	☒ Einkauf	☐ Verlauf	☒ abkaufen
-les-	☒ vorlesen	☐ verlassen	☒ Vorleser	☒ lesbar
-tausch-	☒ eintauschen	☒ Tauschgeschäft	☐ Taucher	☒ vertauscht
-dring-	☒ dringend	☐ trinkend	☒ durchdringen	☒ Eindringling
-reif-	☒ reifen	☒ gereift	☒ unreif	☐ Riffe
-tret-	☒ eintreten	☒ vertreten	☐ betreffen	☒ abtreten

Illustration: Anja Boretzki

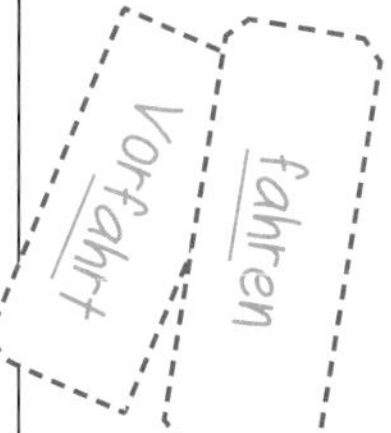

Lösungen

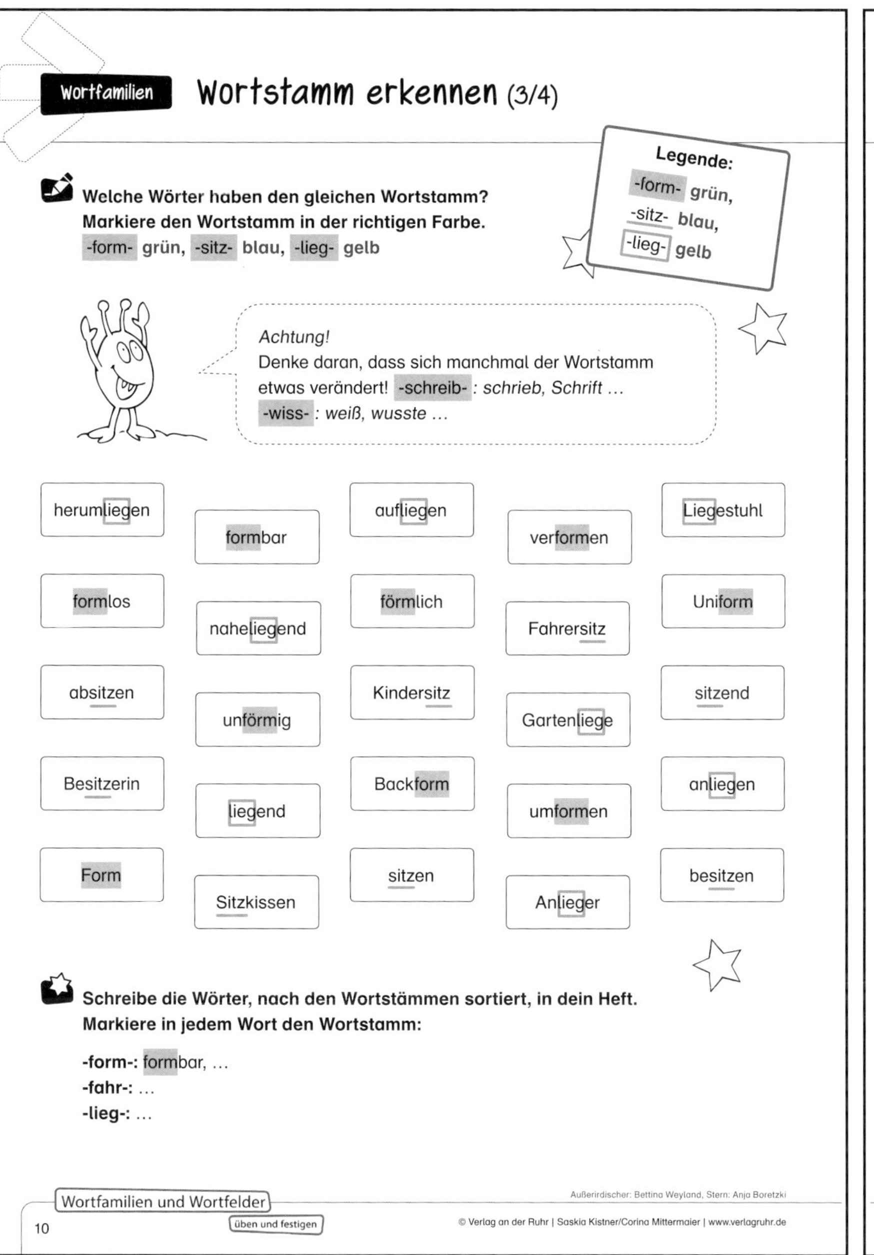

Wortfamilien

Wortstamm erkennen (3/4)

Welche Wörter haben den gleichen Wortstamm?
Markiere den Wortstamm in der richtigen Farbe.
-form- grün, -sitz- blau, -lieg- gelb

Legende:
-form- grün,
-sitz- blau,
-lieg- gelb

Achtung!
Denke daran, dass sich manchmal der Wortstamm etwas verändert! -schreib- : *schrieb, Schrift …*
-wiss- : *weiß, wusste …*

herumliegen	formbar	aufliegen	verformen	Liegestuhl
formlos	naheliegend	förmlich	Fahrersitz	Uniform
absitzen	unförmig	Kindersitz	Gartenliege	sitzend
Besitzerin	liegend	Backform	umformen	anliegen
Form	Sitzkissen	sitzen	Anlieger	besitzen

**Schreibe die Wörter, nach den Wortstämmen sortiert, in dein Heft.
Markiere in jedem Wort den Wortstamm:**

-form-: formbar, …
-fahr-: …
-lieg-: …

Außerirdischer: Bettina Weyland, Stern: Anja Boretzki

Wortfamilien

Wortstamm erkennen (4/4)

Welche Wörter haben den gleichen Wortstamm?
Markiere den Wortstamm in der richtigen Farbe.
-häng- → grün, -fall- → blau, -spiel- → gelb

Legende:
-häng- grün,
-fall- blau,
-spiel- gelb

Achtung!
Denke daran, dass sich manchmal der Wortstamm etwas verändert! -schreib- : *schrieb, Schrift …*
-wiss- : *weiß, wusste …*

hängen	fällen	gespielt	Falltür	Hängematte
Spielanleitung	Spielerin	abhängen	Unfall	Anhang
Mitspieler	auffallen	vorspielen	gefällt	gefallen
umhängen	abspielen	Hang	spielerisch	verspielt
Gefallen	behangen	Spielzeug	umfallen	hängend

**Schreibe die Wörter, nach den Wortstämmen sortiert, in dein Heft.
Markiere in jedem Wort den Wortstamm:**

-häng-: Hängematte, …
-fall-: …
-spiel-: …

Außerirdischer: Bettina Weyland, Stern: Anja Boretzki

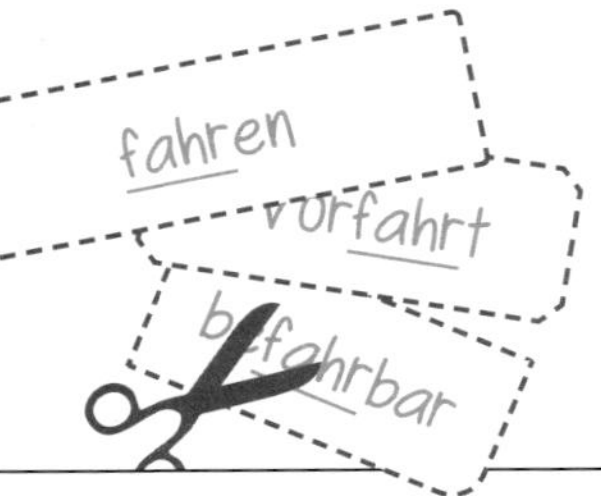

Lösungen

Wortfamilien

Was passt nicht? (2/2)

In jedem Ufo haben sich 2 Wörter eingeschlichen, die nicht zur Wortfamilie gehören. Streiche sie durch.

Achtung!
Denke daran, dass sich manchmal der Wortstamm etwas verändert!
-schreib-: *schrieb, Schrift ...* -wiss-: *weiß, wusste ...*

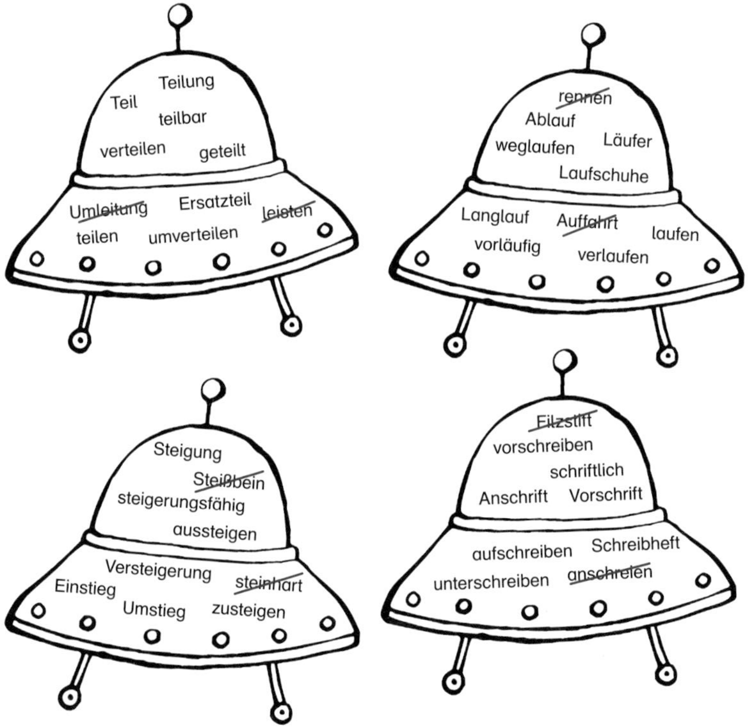

- Teil, Teilung, teilbar, verteilen, geteilt, ~~Umleitung~~, Ersatzteil, teilen, umverteilen, ~~leisten~~
- ~~rennen~~, Ablauf, weglaufen, Läufer, Laufschuhe, Langlauf, ~~Auffahrt~~, vorläufig, verlaufen, laufen
- Steigung, ~~Steißbein~~, steigerungsfähig, aussteigen, Einstieg, Versteigerung, Umstieg, ~~steinhart~~, zusteigen
- ~~Filzstift~~, vorschreiben, schriftlich, Anschrift, Vorschrift, aufschreiben, Schreibheft, unterschreiben, ~~anschreien~~

Außerirdischer: Bettina Weyland, Ufo: Anja Boretzki

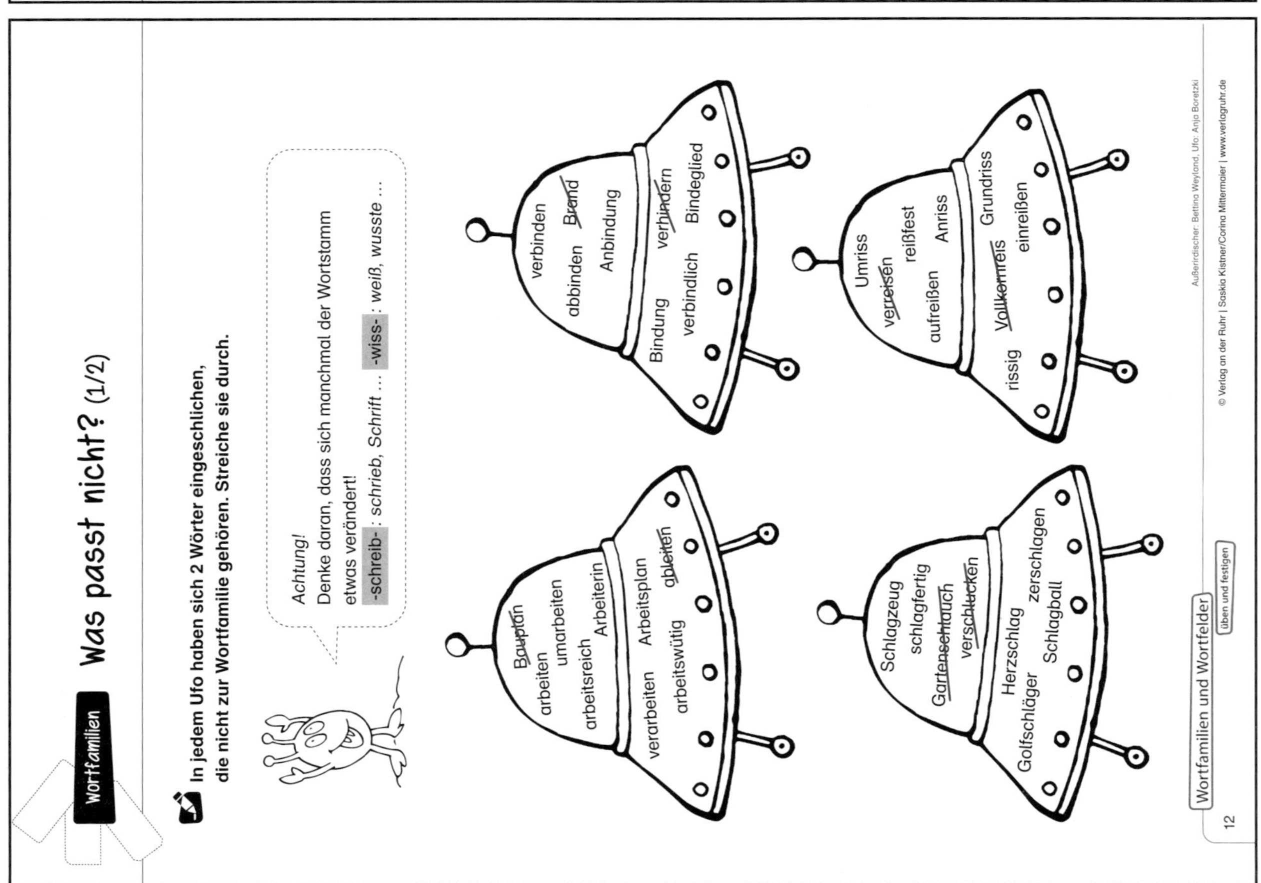

Wortfamilien

Was passt nicht? (1/2)

In jedem Ufo haben sich 2 Wörter eingeschlichen, die nicht zur Wortfamilie gehören. Streiche sie durch.

Achtung!
Denke daran, dass sich manchmal der Wortstamm etwas verändert!
-schreib-: *schrieb, Schrift ...* -wiss-: *weiß, wusste ...*

- ~~Bauplan~~, arbeiten, umarbeiten, arbeitsreich, Arbeiterin, verarbeiten, Arbeitsplan, arbeitswütig, ~~ableiten~~
- verbinden, ~~Brand~~, abbinden, Anbindung, Bindung, ~~verhindern~~, verbindlich, Bindeglied
- Schlagzeug, schlagfertig, ~~Gartenschlauch~~, ~~verschlucken~~, Herzschlag, zerschlagen, Golfschläger, Schlagball
- Umriss, ~~verreisen~~, reißfest, aufreißen, Anriss, Grundriss, ~~Vollkornreis~~, einreißen, rissig

Außerirdischer: Bettina Weyland, Ufo: Anja Boretzki

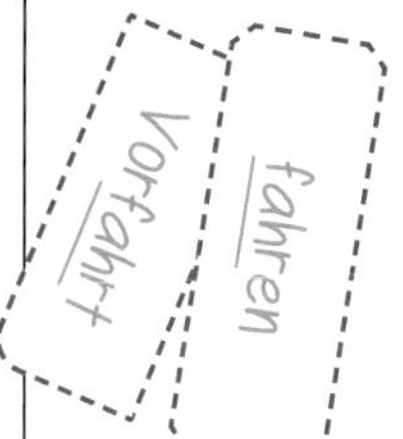

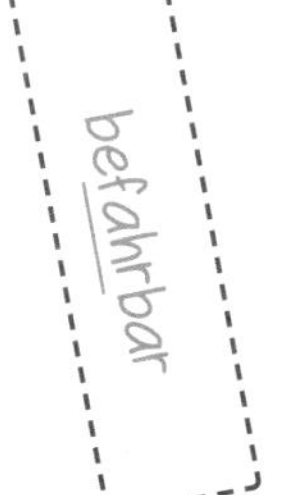

Lösungen

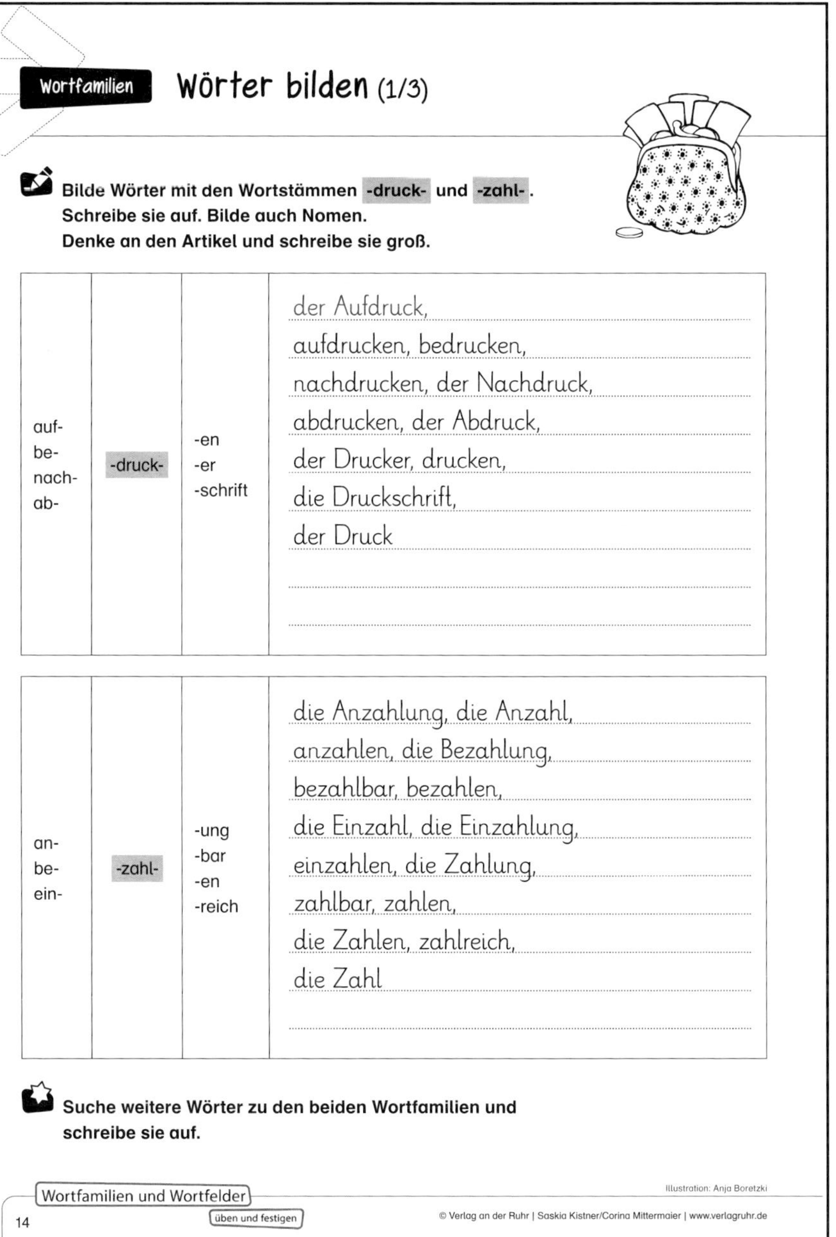

Wortfamilien

Wörter bilden (1/3)

Bilde Wörter mit den Wortstämmen **-druck-** und **-zahl-**. Schreibe sie auf. Bilde auch Nomen. Denke an den Artikel und schreibe sie groß.

auf- be- nach- ab-	-druck-	-en -er -schrift	der Aufdruck, aufdrucken, bedrucken, nachdrucken, der Nachdruck, abdrucken, der Abdruck, der Drucker, drucken, die Druckschrift, der Druck
an- be- ein-	-zahl-	-ung -bar -en -reich	die Anzahlung, die Anzahl, anzahlen, die Bezahlung, bezahlbar, bezahlen, die Einzahl, die Einzahlung, einzahlen, die Zahlung, zahlbar, zahlen, die Zahlen, zahlreich, die Zahl

Suche weitere Wörter zu den beiden Wortfamilien und schreibe sie auf.

Illustration: Anja Boretzki

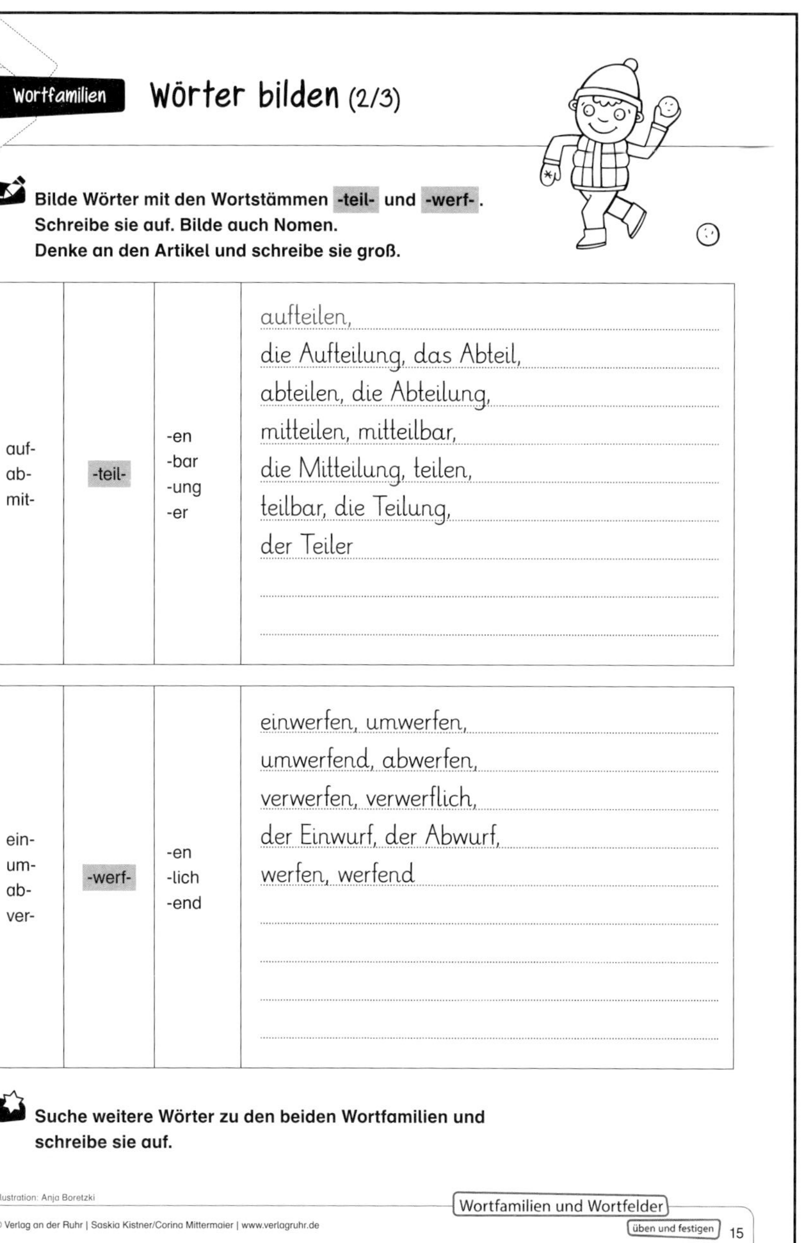

Wortfamilien

Wörter bilden (2/3)

Bilde Wörter mit den Wortstämmen **-teil-** und **-werf-**. Schreibe sie auf. Bilde auch Nomen. Denke an den Artikel und schreibe sie groß.

auf- ab- mit-	-teil-	-en -bar -ung -er	aufteilen, die Aufteilung, das Abteil, abteilen, die Abteilung, mitteilen, mitteilbar, die Mitteilung, teilen, teilbar, die Teilung, der Teiler
ein- um- ab- ver-	-werf-	-en -lich -end	einwerfen, umwerfen, umwerfend, abwerfen, verwerfen, verwerflich, der Einwurf, der Abwurf, werfen, werfend

Suche weitere Wörter zu den beiden Wortfamilien und schreibe sie auf.

Illustration: Anja Boretzki

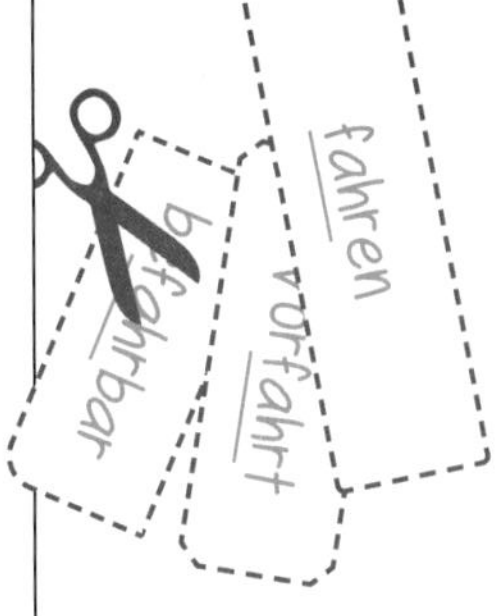

Lösungen

Wortfamilien – Wörter bilden (3/3)

Bilde Wörter mit den Wortstämmen **-wähl-** und **-schließ-**. Schreibe sie auf. Bilde auch Nomen. Denke an den Artikel und schreibe sie groß.

ab- ver- ein-	-wähl-	-en -erisch -bar -er	abwählen, abwählbar, verwählen, einwählen, wählen, wählerisch, wählbar, der Wähler
auf- ab- ent-	-schließ-	-ung -en -end -bar	die Aufschließung, aufschließen, die Abschließung, abschließen, abschließend, abschließbar, die Entschließung, entschließen, die Schließung, schließen, schließbar, der Aufschluss, der Abschluss, der Entschluss

Suche weitere Wörter zu den beiden Wortfamilien und schreibe sie auf.

Illustration: Anja Boretzki

Wortfamilien – Wörter nach Wortarten sortieren (1/2)

Im Kasten findest du Wörter aus verschiedenen Wortfamilien. Finde zu jeder Wortfamilie ein Nomen, ein Verb und ein Adjektiv. Trage die Wörter, nach Wortfamilien sortiert, in die Tabelle ein. Markiere jeweils den Wortstamm gelb.

~~zahlreich~~ • ~~verzählen~~ • das Erlebnis • trinkbar • das Abendessen • ~~die Anzahl~~ weise • lesbar • absehbar • essbar • das Wunder • lebendig • die Sehkraft wunderbar • das Lesebuch • die Weisheit • beweisen • das Trinkwasser wanderlustig • austrinken • vorlesen • die Wanderung • umsehen • essen leben • bewundern • wandern

Nomen	Verben	Adjektive
die Anzahl	verzählen	zahlreich
das Wunder	bewundern	wunderbar
das Erlebnis	leben	lebendig
das Abendessen	essen	essbar
die Sehkraft	umsehen	absehbar
die Wanderung	wandern	wanderlustig
das Lesebuch	vorlesen	lesbar
die Weisheit	beweisen	weise
das Trinkwasser	austrinken	trinkbar

Illustration: Anja Boretzki

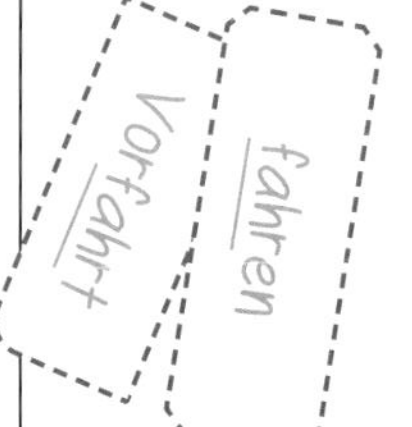

Lösungen

Wortfamilien Wörter nach Wortarten sortieren (2/2)

Im Kasten findest du Wörter aus verschiedenen Wortfamilien. Finde zu jeder Wortfamilie ein Nomen, ein Verb und ein Adjektiv. Trage die Wörter, nach Wortfamilien sortiert, in die Tabelle ein. Markiere jeweils den Wortstamm gelb.

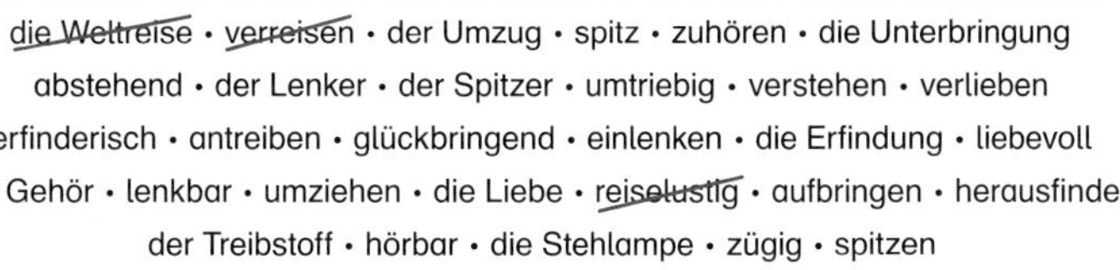

~~die Weltreise~~ • ~~verreisen~~ • der Umzug • spitz • zuhören • die Unterbringung • abstehend • der Lenker • der Spitzer • umtriebig • verstehen • verlieben • erfinderisch • antreiben • glückbringend • einlenken • die Erfindung • liebevoll • das Gehör • lenkbar • umziehen • die Liebe • ~~reiselustig~~ • aufbringen • herausfinden • der Treibstoff • hörbar • die Stehlampe • zügig • spitzen

Nomen	Verben	Adjektive
die Weltreise	verreisen	reiselustig
die Erfindung	herausfinden	erfinderisch
der Treibstoff	antreiben	umtriebig
die Stehlampe	verstehen	abstehend
der Umzug	umziehen	zügig
der Spitzer	spitzen	spitz
der Lenker	einlenken	lenkbar
das Gehör	zuhören	hörbar
die Unterbringung	aufbringen	glückbringend
die Liebe	verlieben	liebevoll

Illustration: Anja Boretzki

Wortfamilien Wörter bilden und sortieren (1/2)

Bilde Wörter mit dem Wortstamm -bau- und trage die Wörter in die Tabelle ein. Schreibe die Nomen mit Artikel auf. Streiche Bausteine, die du benutzt hast, durch.

Achtung!
Manchmal musst du mehr als einen Baustein nutzen, um ein Wort zu bilden!

-bau-

~~-arbeit-~~ | -en | -plan | -stoff | -en | ein- | an- | ab- | um- | -en | Straßen- | -en | Um-

-en | -lich | -fäll- | -ig | -en | -en | be- | ~~-er~~ | An- | Berg- | Ein- | auf- | er- | -en

Nomen	Verben	Adjektive
der Bauarbeiter	einbauen	baulich
der Bauplan	abbauen	baufällig
der Umbau	umbauen	
der Baustoff	anbauen	
der Anbau	aufbauen	
der Bergbau	bebauen	
der Straßenbau	erbauen	
der Einbau	bauen	

Suche dir einen eigenen Wortstamm. Bilde mit Bausteinen Wörter und schreibe sie in eine Wortarten-Tabelle.

Außerirdischer: Bettina Weyland, Helm: Anja Boretzki

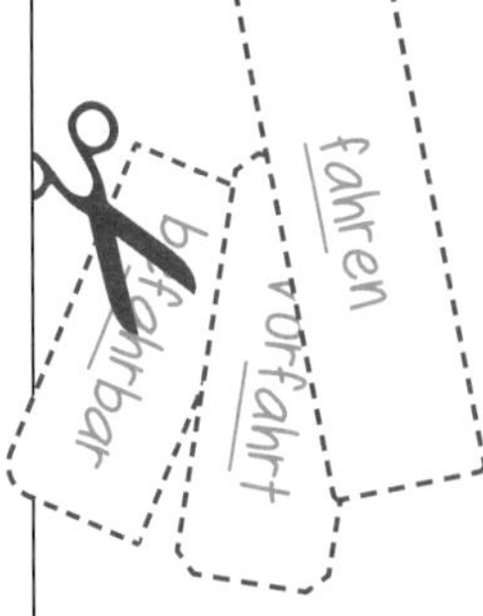

Lösungen

Wortfamilien — Wörter bilden und sortieren (2/2)

Bilde Wörter mit dem Wortstamm **-fahr-** und trage die Wörter in die Tabelle ein. Schreibe die Nomen mit Artikel auf. Streiche Bausteine, die du benutzt hast, durch.

Achtung!
Manchmal musst du mehr als einen Baustein nutzen, um ein Wort zu bilden!

-fahr-

~~-t~~ | -en | vor- | be- | Vor- | -en | -ig | -zeit | -en | -t | be- | -en | -rad | ver- | -en | -bar | -t

um- | -en | -bereit | -en | un- | -er | -en | Ge- | an- | -en | Zug- | Hin- | Ver- | ab- | über- | -en | -t

Nomen	Verben	Adjektive
die Fahrt	vorfahren	befahrbar
die Vorfahrt	umfahren	fahrig
die Fahrzeit	befahren	fahrbereit
das Fahrrad	verfahren	unerfahren
die Gefahr	anfahren	
die Zugfahrt	abfahren	
die Hinfahrt	fahren	
das Verfahren	überfahren	

Suche dir einen eigenen Wortstamm. Bilde mit Bausteinen Wörter und schreibe sie in eine Wortarten-Tabelle.

Außerirdischer: Bettina Weyland, Fahrrad: Anja Boretzki

20 Wortfamilien und Wortfelder üben und festigen

Wortfamilien — Nutze den Wortstamm (1/3)

In jeder Rakete sind nur 2 Wörter komplett. Markiere den Wortstamm gelb. Ergänze die anderen Wörter. Der Wortstamm hilft dir dabei.

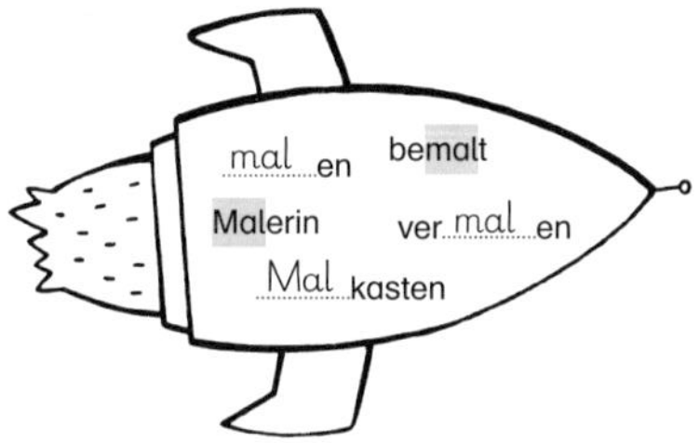

malen, bemalt, Malerin, vermalen, Malkasten

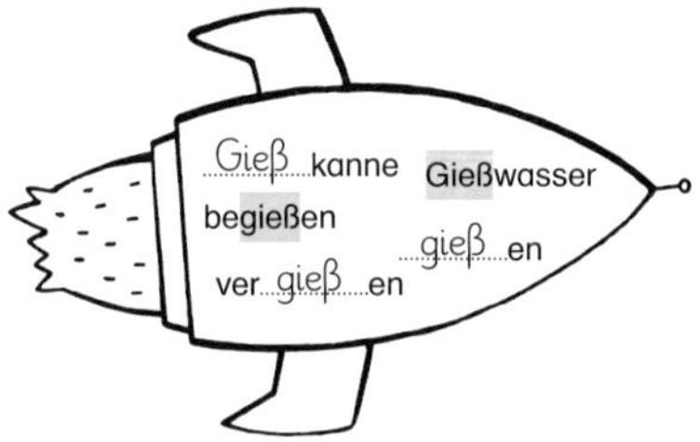

Malbuch, anmalen (Beispiele)

Gießkanne, Gießwasser, begießen, gießen, vergießen

aufgießen, abgießen (Beispiele)

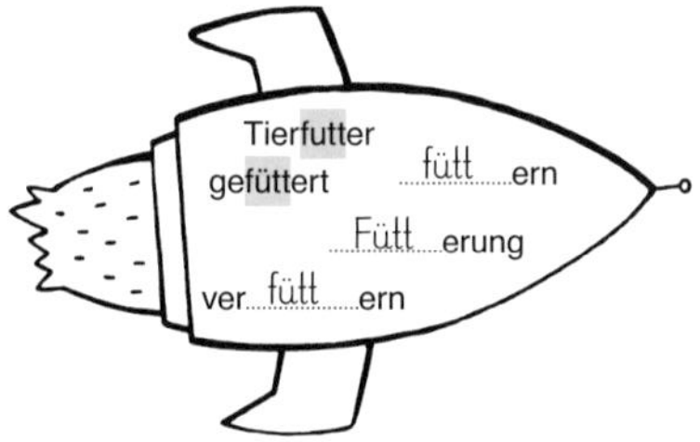

Tierfutter, gefüttert, füttern, Fütterung, verfüttern

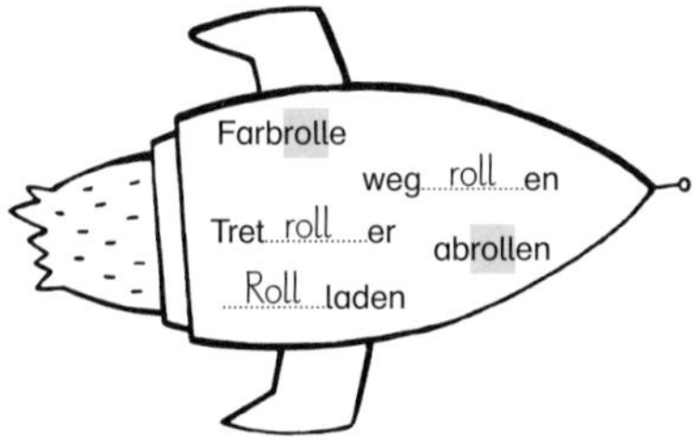

überfüttern, ungefüttert (Beispiele)

Farbrolle, wegrollen, Tretroller, abrollen, Rollladen

rollend, Rollschuhe (Beispiele)

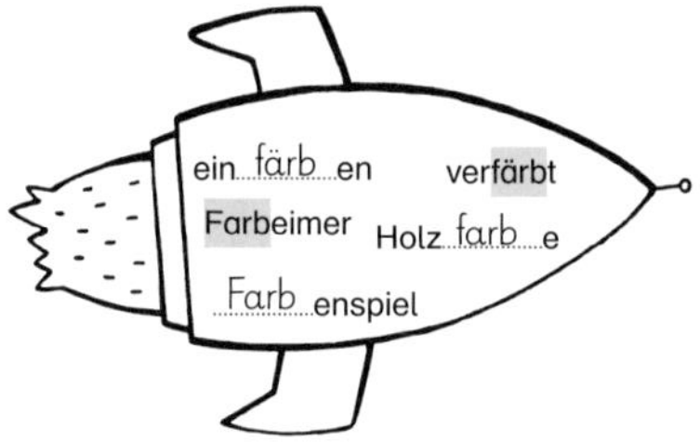

einfärben, verfärbt, Farbeimer, Holzfarbe, Farbenspiel

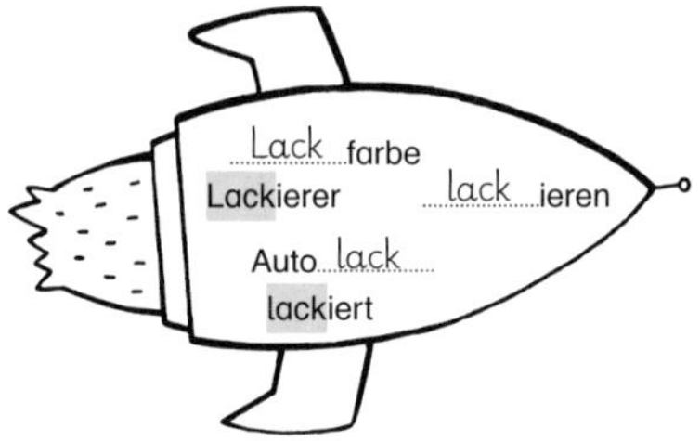

farblich, gefärbt (Beispiele)

Lackfarbe, Lackierer, lackieren, Autolack, lackiert

Fotolack, umlackieren (Beispiele)

Schreibe 2 weitere Wörter der Wortfamilie unter die Raketen.

Illustrationen: Anja Boretzki

Wortfamilien und Wortfelder üben und festigen 21

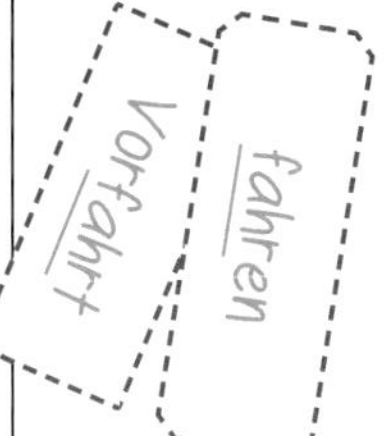

Lösungen

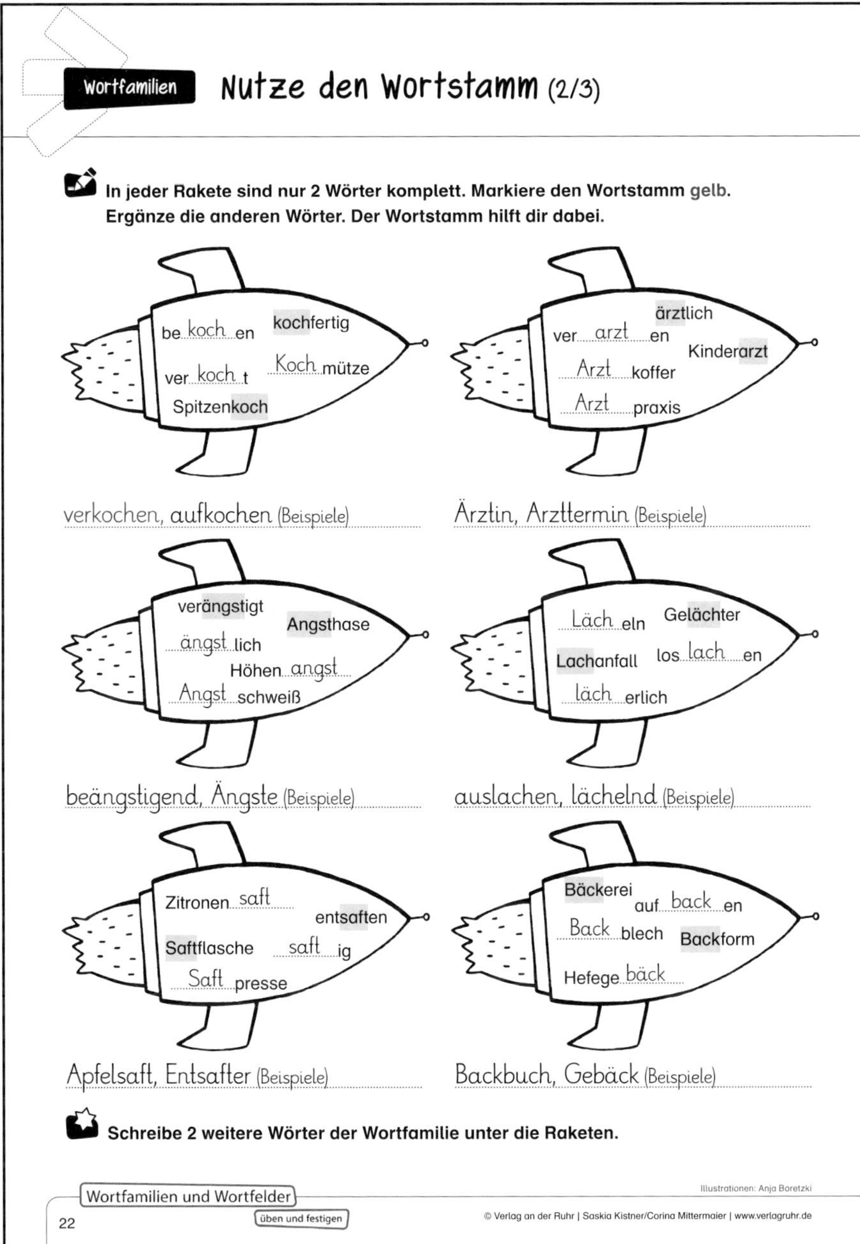

Wortfamilien

Nutze den Wortstamm (2/3)

In jeder Rakete sind nur 2 Wörter komplett. Markiere den Wortstamm gelb. Ergänze die anderen Wörter. Der Wortstamm hilft dir dabei.

be koch en, kochfertig, ver koch t, Koch mütze, Spitzenkoch

verkochen, aufkochen (Beispiele)

ver arzt en, ärztlich, Arzt koffer, Kinderarzt, Arzt praxis

Ärztin, Arzttermin (Beispiele)

verängstigt, ängst lich, Angsthase, Höhen angst, Angst schweiß

beängstigend, Ängste (Beispiele)

Läch eln, Gelächter, Lachanfall, los lach en, läch erlich

auslachen, lächelnd (Beispiele)

Zitronen saft, entsaften, Saftflasche, saft ig, Saft presse

Apfelsaft, Entsafter (Beispiele)

Bäckerei, auf back en, Back blech, Backform, Hefege bäck

Backbuch, Gebäck (Beispiele)

Schreibe 2 weitere Wörter der Wortfamilie unter die Raketen.

Illustrationen: Anja Boretzki

© Verlag an der Ruhr | Saskia Kistner/Corina Mittermaier | www.verlagruhr.de

22 Wortfamilien und Wortfelder üben und festigen

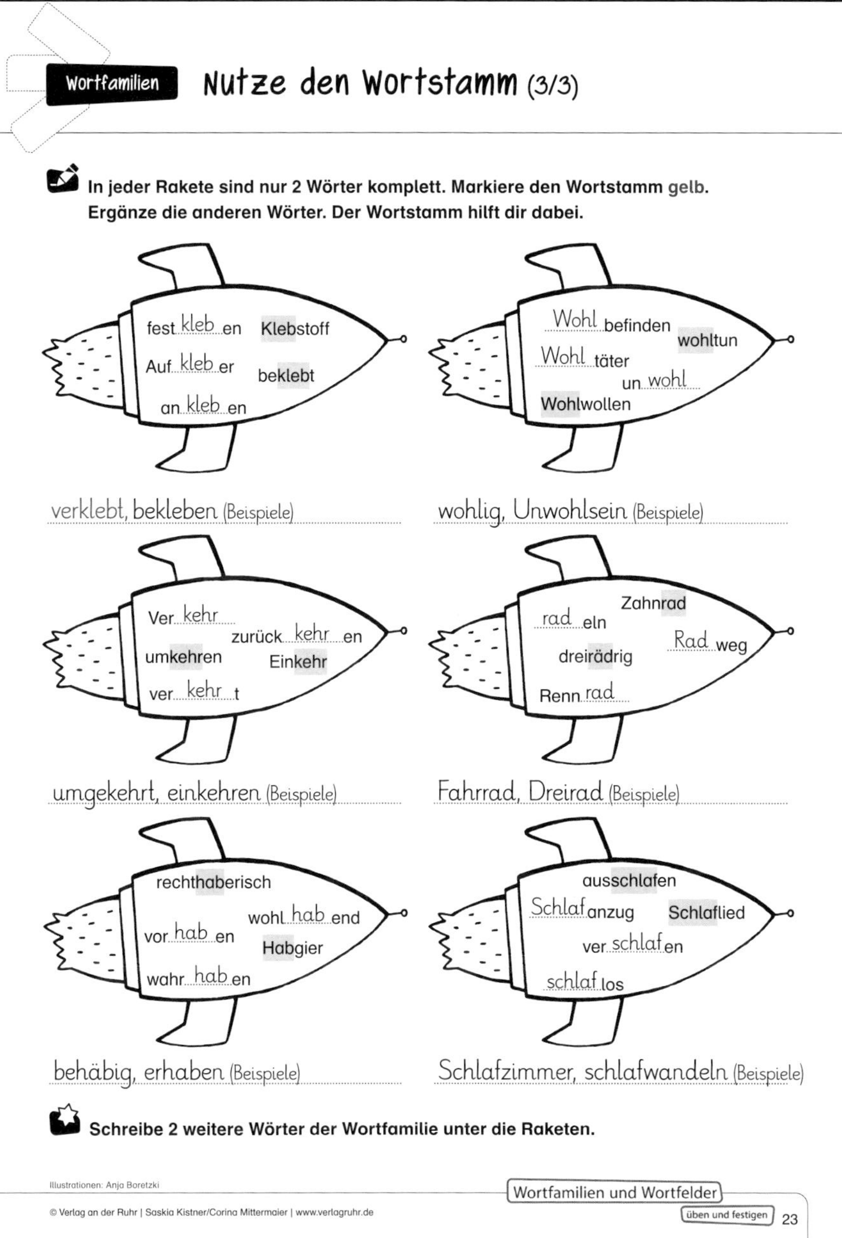

Wortfamilien

Nutze den Wortstamm (3/3)

In jeder Rakete sind nur 2 Wörter komplett. Markiere den Wortstamm gelb. Ergänze die anderen Wörter. Der Wortstamm hilft dir dabei.

fest kleb en, Klebstoff, Auf kleb er, beklebt, an kleb en

verklebt, bekleben (Beispiele)

Wohl befinden, wohltun, Wohl täter, un wohl, Wohlwollen

wohlig, Unwohlsein (Beispiele)

Ver kehr, zurück kehr en, umkehren, Einkehr, ver kehr t

umgekehrt, einkehren (Beispiele)

rad eln, Zahnrad, Rad weg, dreirädrig, Renn rad

Fahrrad, Dreirad (Beispiele)

rechthaberisch, vor hab en, wohl hab end, Habgier, wahr hab en

behäbig, erhaben (Beispiele)

ausschlafen, Schlaf anzug, Schlaflied, ver schlaf en, schlaf los

Schlafzimmer, schlafwandeln (Beispiele)

Schreibe 2 weitere Wörter der Wortfamilie unter die Raketen.

Illustrationen: Anja Boretzki

© Verlag an der Ruhr | Saskia Kistner/Corina Mittermaier | www.verlagruhr.de

Wortfamilien und Wortfelder üben und festigen 23

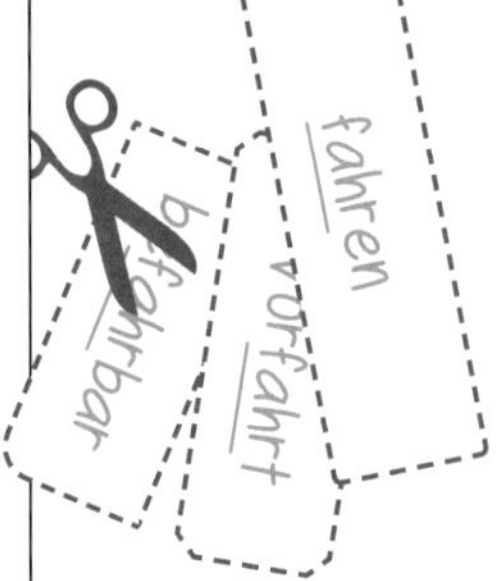

Lösungen

Wortfamilien

Was fehlt? (1/3)

Lies genau. Welches Wort der Wortfamilie *sehen* fehlt?
Schneide die Wörter unten aus. Lege sie an die passende Stelle.
Kontrolliere und klebe auf.

Diesen Film musst du dir [ansehen].

Im [Fernsehen] läuft meine Lieblingssendung.

Den kleinen Fleck kann man leicht [übersehen].

Meine [Sehkraft] lässt mit jedem Jahr nach.

Aus [Versehen] habe ich die Blumen nicht gegossen.

Im Urlaub schauen wir viele [Sehenswürdigkeiten] an.

Der Auftritt des Zauberers hat [Aufsehen] erregt.

Es war nicht [vorhersehbar], dass ein Gewitter aufzieht.

Im Museum ist die Ritterausstellung [sehenswert].

Eine [Hellseherin] sagt mir die Zukunft voraus.

Im Straßenverkehr musst du dich oft [umsehen].

Illustration: Anja Boretzki

Wortfamilien

Was fehlt? (2/3)

Lies genau. Welches Wort der Wortfamilie *geben* fehlt?
Schneide die Wörter unten aus. Lege sie an die passende Stelle.
Kontrolliere und klebe auf.

Bei der Wahl kann ich eine Stimme [abgeben].

[Angeber] mag RAMS-43 gar nicht.

Mein Bruder hat sich in ärztliche Behandlung [begeben].

Die [Rechenaufgabe] ist sehr schwer.

Wenn mir schlecht ist, muss ich mich manchmal [übergeben].

Mit großer [Hingabe] spielt Simone Klavier.

Am Geburtstag liegen die Geschenke auf dem [Gabentisch].

Die Lehrerin hat zu viele Hausaufgaben [aufgegeben].

Die [Wochenendausgabe] der Zeitung ist ausverkauft.

Bitte [gib] mir mein Heft zurück.

Meine Großeltern sind oft [nachgiebiger] als meine Eltern.

Illustration: Anja Boretzki

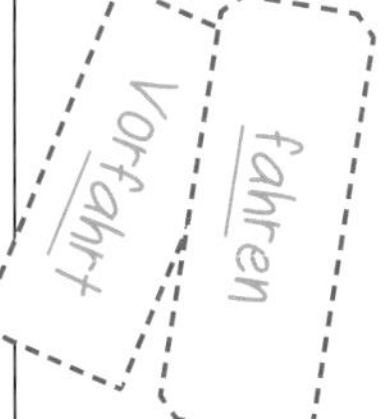

Lösungen

Wortfamilien — Was fehlt? (3/3)

Lies genau. Welches Wort der Wortfamilie *greifen* fehlt? Schneide die Wörter unten aus. Lege sie an die passende Stelle. Kontrolliere und klebe auf.

Kim [greift] nach dem roten Buntstift.

Das Schaf [ergreift] schnell die Gelegenheit zur Flucht.

Die Feldmaus wird von einem [Greifvogel] gepackt.

Mama hat all ihre Termine gut im [Griff].

Heute ist das Fußballteam sehr [angriffslustig].

Das neu erschienene Buch ist [vergriffen].

Es ist mir [unbegreiflich], dass es schon wieder regnet.

Jeder durfte in die Schatzkiste [hineingreifen].

Niemand rechnete mit einem [Überraschungsangriff] der Krokodile.

Bei der Tombola gelang Dani ein [Glücksgriff].

Bei diesem Angebot musste ich [zugreifen].

Illustration: Anja Boretzki

Wortfamilien — Finde das Lösungswort (1/3)

Lösungswort: K U C H E N F O R M

Wortfamilien — Finde das Lösungswort (2/3)

Lösungswort: U M S T E L L U N G

Wortfamilien — Finde das Lösungswort (3/3)

Lösungswort: A U F F Ü H R U N G

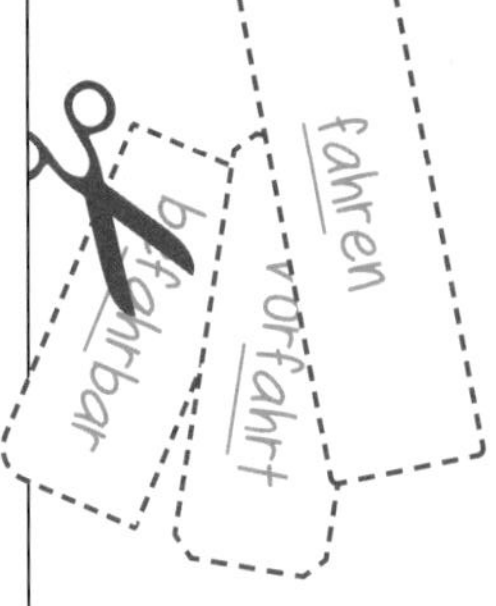

Lösungen

Wortfamilien

Die häufigsten Wortfamilien üben (1/3)

Lies das Verb. Fülle die 1. und 2. Spalte der Tabelle aus.
Markiere den Wortstamm gelb: ***arbeiten**, ich **arbeite***
Knicke das Blatt an der gestrichelten Linie nach hinten und drehe das Blatt um. Kannst du das Verb auswendig aufschreiben?

	Schreibe das Wort ab:	Schreibe das Wort in der Ich-Form:	Schreibe das Wort auswendig auf:
arbeiten	arbeiten	ich arbeite	arb...
binden	binden	ich binde	
brechen	brechen	ich breche	
bringen	bringen	ich bringe	
denken	denken	ich denke	
drücken	drücken	ich drücke	
fahren	fahren	ich fahre	
fallen	fallen	ich falle	
fliegen	fliegen	ich fliege	
formen	formen	ich forme	
führen	führen	ich führe	
geben	geben	ich gebe	
gehen	gehen	ich gehe	

Finde zu jedem Verb noch mindestens 2 Wörter dieser Wortfamilie, zum Beispiel: *arbeiten: der Arbeiter, arbeitsreich …*

Illustration: Anja Boretzki

Wortfamilien

Die häufigsten Wortfamilien üben (2/3)

Lies das Verb. Fülle die 1. und 2. Spalte der Tabelle aus.
Markiere den Wortstamm gelb: ***greifen**, ich **greife***
Knicke das Blatt an der gestrichelten Linie nach hinten und drehe das Blatt um. Kannst du das Verb auswendig aufschreiben?

	Schreibe das Wort ab:	Schreibe das Wort in der Ich-Form:	Schreibe das Wort auswendig auf:
greifen	greifen	ich greife	
halten	halten	ich halte	
hängen	hängen	ich hänge	
kommen	kommen	ich komme	
lassen	lassen	ich lasse	
laufen	laufen	ich laufe	
liegen	liegen	ich liege	
reifen	reifen	ich reife	
reißen	reißen	ich reiße	
schlagen	schlagen	ich schlage	
schließen	schließen	ich schließe	
schneiden	schneiden	ich schneide	
schreiben	schreiben	ich schreibe	

Finde zu jedem Verb noch mindestens 2 Wörter dieser Wortfamilie, zum Beispiel: *greifen: der Greifarm, begreifen …*

Illustration: Anja Boretzki

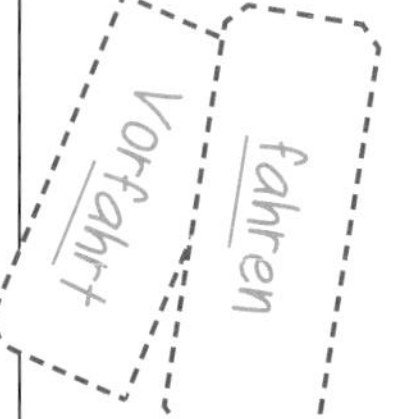

Lösungen

Wortfamilien

Die häufigsten Wortfamilien üben (3/3)

Lies das Verb. Fülle die 1. und 2. Spalte der Tabelle aus. Markiere den Wortstamm gelb: *sehen, ich sehe* Knicke das Blatt an der gestrichelten Linie nach hinten und drehe das Blatt um. Kannst du das Verb auswendig aufschreiben?

	Schreibe das Wort ab:	Schreibe das Wort in der Ich-Form:	Schreibe das Wort auswendig auf:
sehen	sehen	ich sehe	
sitzen	sitzen	ich sitze	
spielen	spielen	ich spiele	
sprechen	sprechen	ich spreche	
steigen	steigen	ich steige	
stellen	stellen	ich stelle	
teilen	teilen	ich teile	
tragen	tragen	ich trage	
treten	treten	ich trete	
weisen	weisen	ich weise	
werfen	werfen	ich werfe	
zahlen	zahlen	ich zahle	
ziehen	ziehen	ich ziehe	

Finde zu jedem Verb noch mindestens 2 Wörter dieser Wortfamilie, zum Beispiel: *sehen: die Sehkraft, ansehen …*

Illustration: Anja Boretzki

Wortfamilien

Gemischte Aufgaben (1/2)

Welche Wörter gehören zur selben Wortfamilie? Male die passenden Puzzleteile in der gleichen Farbe an.

umfahren	Fahrbahn	gebrochen	aufbrechen
arbeitsreich	Bauarbeiten	Verbindung	verbunden
Flugzeug	geflogen	Zahl	zählen
abhängen	Anhänger	Greifvogel	angreifbar
aufsitzen	Sitzsack	liegend	Liegestuhl
aufteilen	zerteilen	ausdenken	Gedanken
Wasserfall	hinfallen	ansehen	sehend
verformen	Backform		

Richtig oder falsch? Kreuze an.

Wörter einer Wortfamilie beschreiben, was jemand tut.	☐ richtig	☒ falsch
Eine Wortfamilie hat den gleichen Wortstamm.	☒ richtig	☐ falsch
Der Wortstamm kann sich manchmal ändern.	☒ richtig	☐ falsch
Baumhaus und *bauen* gehören zu einer Wortfamilie.	☐ richtig	☒ falsch

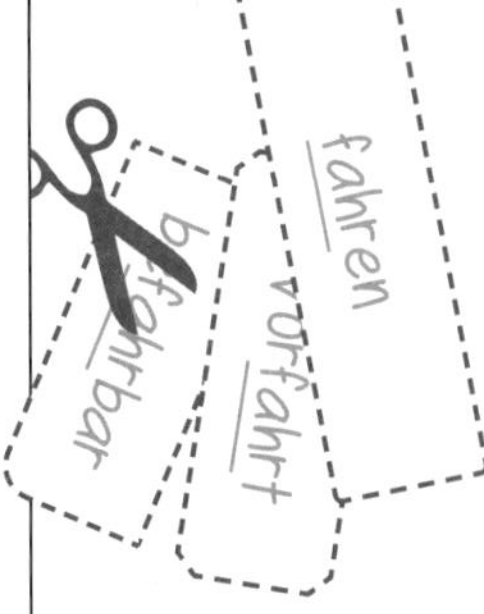

Lösungen

Wortfamilien — Gemischte Aufgaben (2/2)

Welche Wörter gehören zur selben Wortfamilie? Male die passenden Puzzleteile in der gleichen Farbe an.

Vergebung	gibt	verbringen	bringen
Druckknopf	gedrückt	Führung	führt
umgehen	Gehweg	behalten	Haltung
bestellen	Einstellung	wegkommen	ankommen
gelassen	Gelassenheit	lief	überlaufen
gereift	reif	Spielplatz	spielte
Gespräch	Sprachen	aufsteigen	absteigen
Umzug	gezogen		

Richtig oder falsch? Kreuze an.

Eine Wortfamilie besteht immer nur aus Nomen.	☐ richtig	☒ falsch
Beim Wortstamm ändern sich nur die Konsonanten.	☐ richtig	☒ falsch
Der Wortstamm von *verschönern* ist *schön*.	☒ richtig	☐ falsch
abschreiben und *Stift* gehören zu einer Wortfamilie.	☐ richtig	☒ falsch

Wortfelder — Suchsel: Wortfeld *gehen*

**Gehen kannst du auf verschiedene Art und Weise, zum Beispiel schnell oder langsam.
Finde im Suchsel 12 Wörter des Wortfeldes *gehen*.
Trage sie in die richtige Spalte ein.**

C	F	E	N	B	U	M	M	E	L	N	T
K	R	I	E	C	H	E	N	Z	O	F	R
F	S	C	H	L	E	N	D	E	R	N	Ö
L	W	V	H	E	T	Z	E	N	M	R	D
I	A	R	G	E	N	H	W	L	D	E	E
T	T	W	S	A	U	S	E	N	Ü	N	L
Z	E	J	K	O	L	E	N	D	S	N	N
E	N	Z	I	E	J	L	U	M	E	E	S
N	S	P	R	I	N	T	E	N	N	N	B
P	S	C	H	L	E	I	C	H	E	N	A

langsam gehen	schnell gehen
bummeln	hetzen
kriechen	sausen
schlendern	sprinten
schleichen	flitzen
waten	düsen
trödeln	rennen

Wähle 3 Verben aus und bewege dich so ein paar Sekunden durch den Raum, auf dem Gang oder auf dem Pausenhof.

Illustration: Anja Boretzki

Lösungen

Wortfelder

Suchsel: Wortfeld *sagen*

Sprechen kannst du auf verschiedene Art und Weise, zum Beispiel laut oder leise.
Finde im Suchsel 12 Wörter des Wortfeldes *sagen*.
Trage sie in die richtige Spalte ein.

I	C	Z	J	W	I	S	P	E	R	N	G
K	S	C	H	R	E	I	E	N	T	R	R
R	B	F	L	S	C	M	I	N	M	U	Ö
E	R	F	L	Ü	S	T	E	R	N	F	L
I	Ü	L	E	B	N	R	W	K	P	E	E
S	L	Ä	H	A	U	C	H	E	N	N	N
C	L	R	M	T	U	S	C	H	E	L	N
H	E	M	S	C	S	H	M	P	G	E	N
E	N	E	E	R	A	U	N	E	N	H	C
N	L	N	B	F	M	U	R	M	E	L	N

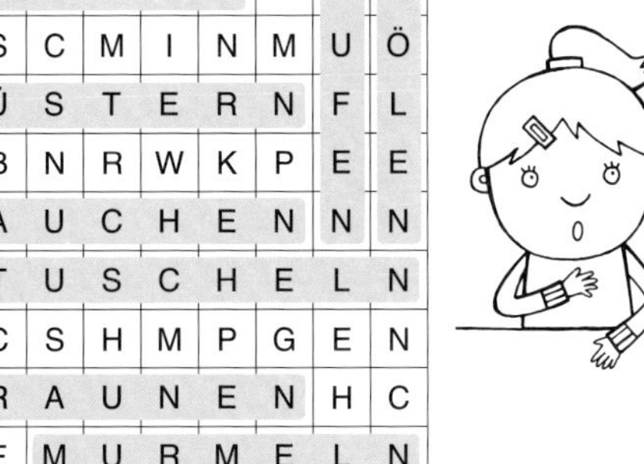

etwas leise sagen	etwas laut sagen
wispern	schreien
flüstern	kreischen
hauchen	brüllen
tuscheln	lärmen
raunen	rufen
murmeln	grölen

Wähle 3 Verben für *laut sprechen* aus und flüstere sie einer anderen Person im Klassenzimmer ins Ohr.

Illustration: Anja Boretzki

Wortfelder

Nomen sortieren (1/3)

Wörter eines Wortfeldes kann man manchmal noch genauer in Untergruppen einteilen.

Sortiere die Nomen der Wortfelder *Kleidung* und *Fahrzeuge* in die Untergruppen.

~~Bluse~~ Fahrrad Strumpfhose Wintermantel Kanu Weste Rock Sandalen Bus Gummistiefel Roller Segelschiff Pullover Raumschiff Jeans Lieferwagen Flugzeug Hubschrauber Badehose Kajak Turnschuhe Schlauchboot Winterstiefel Heißluftballon

Kleidung

Oberteile:	Unterteile:	Schuhe:
Bluse	Strumpfhose	Sandalen
Weste	Rock	Gummistiefel
Pullover	Jeans	Winterstiefel
Wintermantel	Badehose	Turnschuhe

Fahrzeuge

Wasserfahrzeuge:	Luftfahrzeuge:	Landfahrzeuge:
Kanu	Raumschiff	Fahrrad
Segelschiff	Flugzeug	Bus
Schlauchboot	Hubschrauber	Roller
Kajak	Heißluftballon	Lieferwagen

Außerirdischer: Bettina Weyland

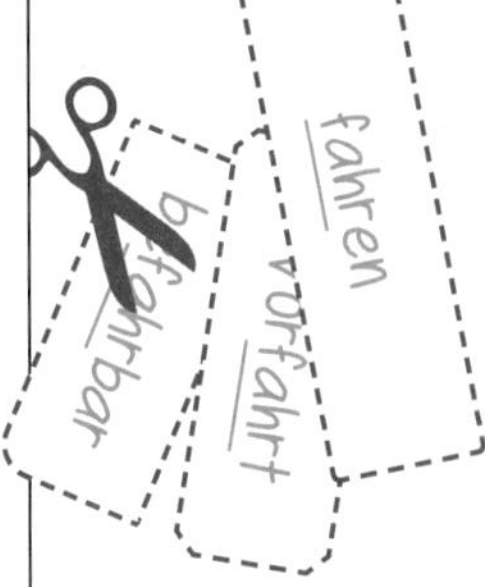

Lösungen

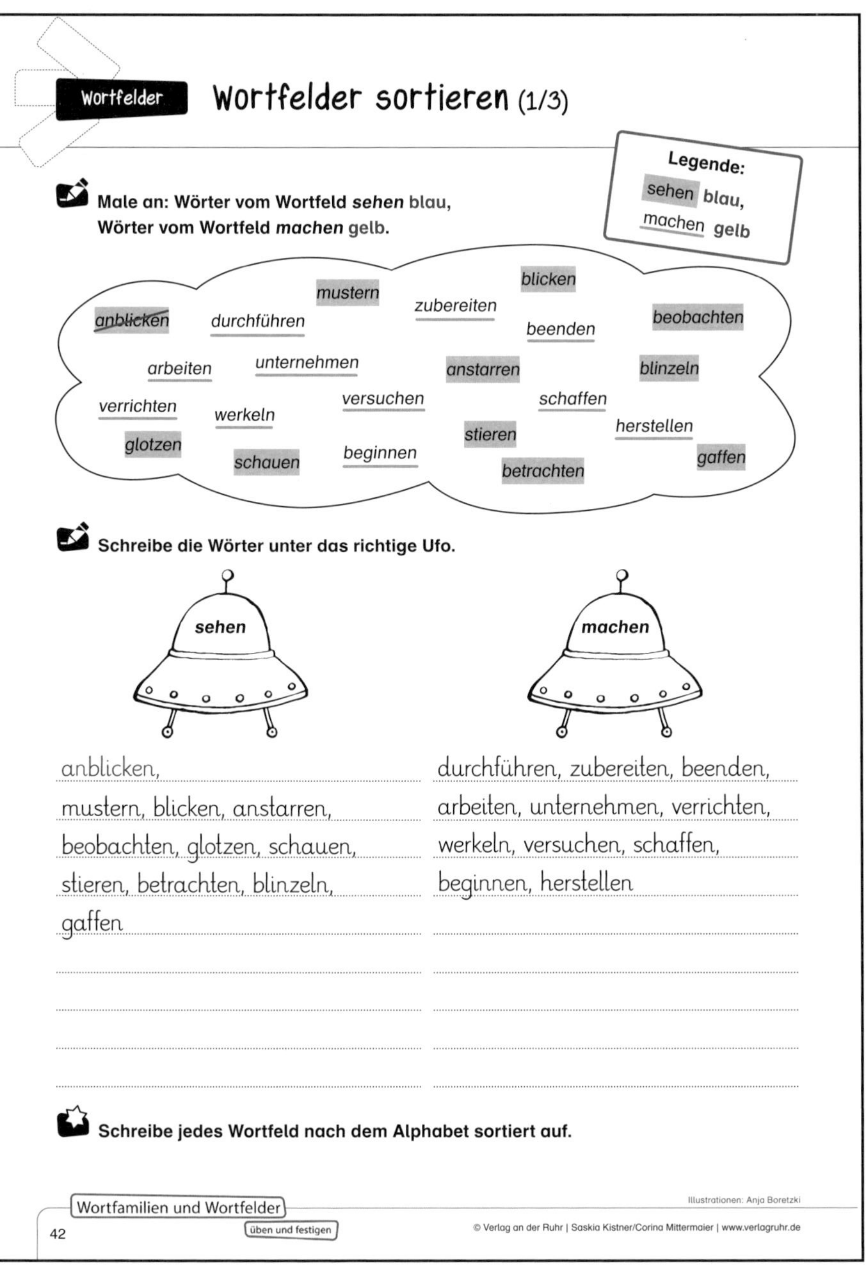

Wortfelder

Wortfelder sortieren (1/3)

Male an: Wörter vom Wortfeld ***sehen*** blau, Wörter vom Wortfeld ***machen*** gelb.

Legende: sehen blau, machen gelb

anblicken, durchführen, mustern, zubereiten, blicken, beenden, beobachten, arbeiten, unternehmen, anstarren, blinzeln, verrichten, werkeln, versuchen, schaffen, stieren, herstellen, glotzen, schauen, beginnen, betrachten, gaffen

Schreibe die Wörter unter das richtige Ufo.

sehen	machen
anblicken, mustern, blicken, anstarren, beobachten, glotzen, schauen, stieren, betrachten, blinzeln, gaffen	durchführen, zubereiten, beenden, arbeiten, unternehmen, verrichten, werkeln, versuchen, schaffen, beginnen, herstellen

Schreibe jedes Wortfeld nach dem Alphabet sortiert auf.

Wortfamilien und Wortfelder üben und festigen 42

© Verlag an der Ruhr | Saskia Kistner/Corina Mittermaier | www.verlagruhr.de

Illustrationen: Anja Boretzki

Wortfelder

Nomen sortieren (2/3)

Tiere

Insekten:	Säugetiere:	Vögel:
Biene	Kaninchen	Steinadler
Fliege	Delfin	Amsel
Marienkäfer	Giraffe	Storch
Hummel	Eisbär	Blaumeise

Essen

Obst:	Milchprodukte:	Backwaren:
Banane	Sahne	Toastbrot
Orange	Joghurt	Brezel
Himbeere	Quark	Vollkornbrot
Aprikose	Frischkäse	Brötchen

Wortfelder

Nomen sortieren (3/3)

Pflanzen

Bäume:	Blumen:	Wasserpflanzen:
Buche	Tulpe	Alge
Birke	Nelke	Seegras
Ahorn	Rose	Seerose
Eiche	Veilchen	Wassersalat

Sportarten

Kampfsportarten:	Wintersportarten:	Teamsportarten:
Judo	Rodeln	Fußball
Karate	Skispringen	Basketball
Kickboxen	Eiskunstlauf	Handball
Boxen	Skifahren	Hockey

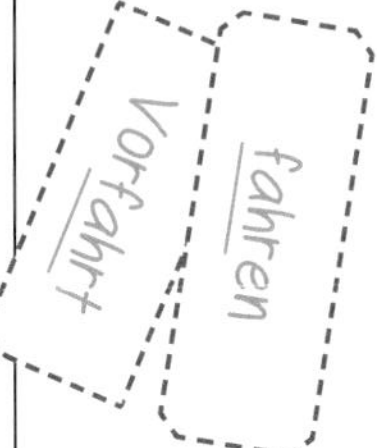

Lösungen

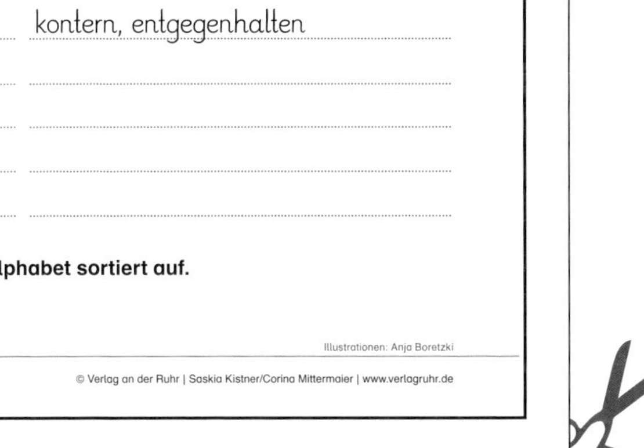

Wortfelder – Wortfelder sortieren (2/3)

Male an: Wörter vom Wortfeld *fragen* blau, Wörter vom Wortfeld *gehen* gelb.

Legende: fragen blau, gehen gelb

befragen (durchgestrichen), hüpfen, rennen, schreiten, schlurfen, rätseln, schlittern, tänzeln, wissen wollen, bitten, sich informieren, sich erkundigen, spazieren, zurückfragen, stolpern, stolzieren, nachfragen, löchern, anfragen, krabbeln, marschieren, erbitten

Schreibe die Wörter unter das richtige Ufo.

fragen	gehen
befragen,	hüpfen, rennen, schreiten,
rätseln, wissen wollen, bitten,	schlurfen, schlittern, tänzeln,
sich informieren, sich erkundigen,	stolpern, stolzieren, spazieren,
zurückfragen, löchern, anfragen,	krabbeln, marschieren
nachfragen, erbitten	

Schreibe jedes Wortfeld nach dem Alphabet sortiert auf.

Illustrationen: Anja Boretzki

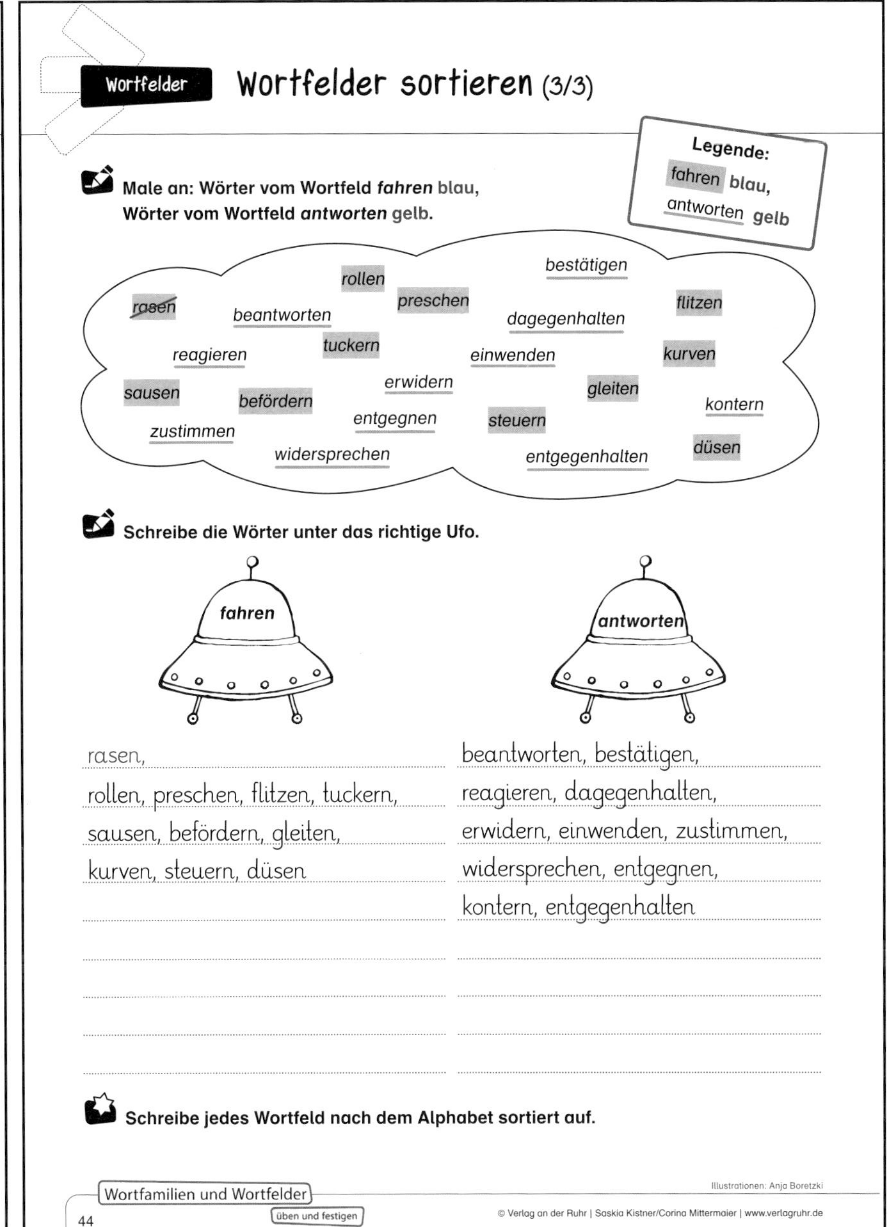

Wortfelder – Wortfelder sortieren (3/3)

Male an: Wörter vom Wortfeld *fahren* blau, Wörter vom Wortfeld *antworten* gelb.

Legende: fahren blau, antworten gelb

rasen (durchgestrichen), rollen, beantworten, preschen, bestätigen, flitzen, reagieren, tuckern, dagegenhalten, einwenden, kurven, sausen, befördern, erwidern, gleiten, kontern, zustimmen, entgegnen, steuern, widersprechen, entgegenhalten, düsen

Schreibe die Wörter unter das richtige Ufo.

fahren	antworten
rasen,	beantworten, bestätigen,
rollen, preschen, flitzen, tuckern,	reagieren, dagegenhalten,
sausen, befördern, gleiten,	erwidern, einwenden, zustimmen,
kurven, steuern, düsen	widersprechen, entgegnen,
	kontern, entgegenhalten

Schreibe jedes Wortfeld nach dem Alphabet sortiert auf.

Illustrationen: Anja Boretzki

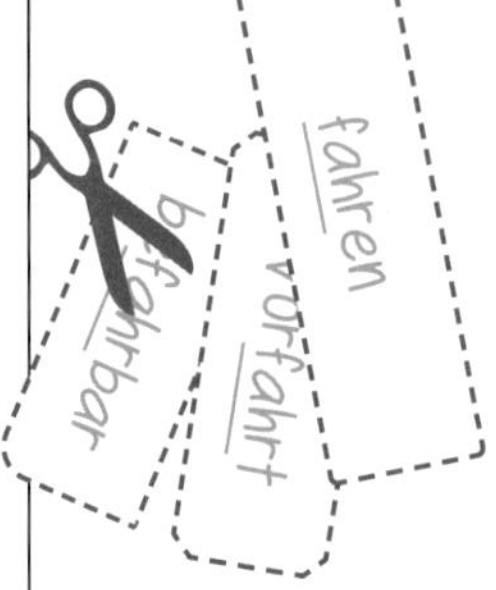

Lösungen

Wortfelder — Lückentext: Wortfeld *sagen* (1/2)

Welche Wörter aus dem Wortfeld *sagen* passen in die Geheimschrift? Trage ein.

Heute ist RAMS-43 auf dem Jahrmarkt. Aufgeregt stellt er sich beim Riesenrad an. „Was kostet eine Fahrkarte?“, fragt er THORE-6, den Verkäufer. „5 Euro!“, antwortet dieser. „Dann möchte ich eine Karte“, bittet RAMS-43. Plötzlich wird er von hinten geschubst und dreht sich empört um. „Was soll das?“, meckert er lautstark. „Oh, das war keine Absicht!“, beschwichtigt VALA-71. Sie schlägt vor : „Darf ich dich als Entschuldigung nachher auf eine Planetenpizza einladen?“ Erfreut bestätigt RAMS-43: „Oh ja, sehr gern!“ „Lass uns zuerst gemeinsam Riesenrad fahren“, meint VALA-71. Schon sind sie an der Reihe und die Fahrt beginnt. Als sie ganz oben sind, jubeln beide: „Was für ein toller Ausblick!“

antwortet · *bittet* · *meckert* · *jubeln* · *meint* · *fragt* · *schlägt vor* · *bestätigt* · *beschwichtigt*

Schreibe die Geschichte weiter. Benutze möglichst viele Wörter des Wortfeldes *sagen*.

Wortfelder — Lückentext: Wortfeld *sagen* (2/2)

Welche Wörter aus dem Wortfeld *sagen* passen in die Lücken? Trage ein.

Tipp:
Nutze eine Wortfeldliste. Es gibt verschiedene Lösungsmöglichkeiten!

Es ist Sonntag und RAMS-43 geht zum Flohmarkt. Gleich beim ersten Stand entdeckt er einen Stapel Bücher seiner Lieblingskrimis. „Was kostet ein Buch?“, ... er. Die Verkäuferin ....: „2 Euro pro Buch.“ „Das ist aber teuer. Die Bücher sind in keinem guten Zustand!“, ... RAMS-43. „Vielleicht können wir verhandeln?“, ... er. Die Verkäuferin ....: „In Ordnung. Nimmst du alle 4 Bände, bekommst du sie für 5 Euro.“ RAMS-43 ....: „Super, das ist ein fantastisches Angebot! Ich nehme sie!“ Zufrieden läuft er weiter und trifft XOBO-12. Begeistert .... RAMS-43 von seinem Schnäppchen. XOBO-12 ....: „Schau mal, was ich gefunden habe: eine Tüte Murmeln für meine Kugelbahn!“ Die beiden wollen nun weiter nach guten Angeboten suchen. Bald schon kommen sie an einen Stand mit vielen Spielen. „Würfel dich schlau – kennst du das?“, ... RAMS-43 XOBO-12. „Nein, aber wollen wir es kaufen und zusammen ausprobieren?“, ... er. Der Verkäufer ....: „Für 3 Euro gehört das Spiel euch.“ XOBO-12 ....: „Danke, das nehmen wir mit!“

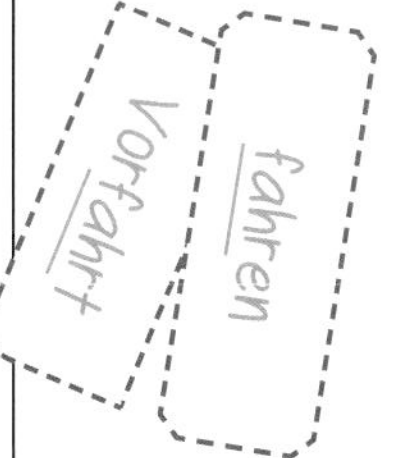

Lösungen

Wortfelder

Lückentext: Wortfeld *gehen* (1/2)

Welche Wörter aus dem Wortfeld *gehen* passen in die Geheimschrift? Trage ein.

RAMS-43 ist auf dem Weg zu seiner Oma. Sie feiert ihren 231. Geburtstag. RAMS-43 muss sich beeilen, denn er hat noch keine Blumen gekauft. Zügig läuft er los und rennt die Rumpelgasse entlang, dann rechts in die Sternenallee bis zum Blumenladen von HÜAZINT-88. Atemlos taumelt er hinein. „Einen bunten Strauß, bitte!“, keucht er. HÜAZINT-88 hüpft durch den Laden und bindet einen wunderschönen Strauß zusammen. Erleichtert stürzt RAMS-43 zur Kasse, bezahlt und rast aus dem Laden. „Alles Gute!“, schreit RAMS-43 schon von Weitem. Schließlich schlittert er Oma vor die Füße. Er legt den Arm um sie und gemeinsam schlendern sie in den Garten und genießen einen Apfelkuchen mit Sternenstaub.

rast | sich beeilen | läuft | taumelt | schlittert | hüpft | rennt | stürzt | schlendern

Schreibe die Geschichte weiter.
Benutze möglichst viele Wörter des Wortfeldes *gehen*.

Illustration: Anja Boretzki

Wortfelder

Lückentext: Wortfeld *gehen* (2/2)

Welche Wörter aus dem Wortfeld *gehen* passen in die Lücken? Trage ein.

Tipp:
Nutze eine Wortfeldliste. Es gibt verschiedene Lösungsmöglichkeiten!

An einem strahlend schönen Sommermorgen ………… RAMS-43 auf die Spitze des Kiribalu-Vulkans. Voller Elan ………… er los. Anfangs ………… RAMS-43 nur leicht bergauf, doch dann wird es immer steiler. Bald kommt er ins Schwitzen. Er ………… über eine Wurzel und sein rechtes Bein tut ihm etwas weh. Zum Glück entdeckt er einen kleinen Bach. Er ………… ein paar Schritte durch das kühle Nass. Der Schmerz lässt nach und munter ………… er weiter. Nach 5 Minuten erreicht er eine Weggabelung. Leider sind die Hinweisschilder verwittert. RAMS-43 entscheidet sich für den rechten Pfad und ………… weiter. Dieser Weg sieht abenteuerlich aus. Plötzlich versperrt ein dicker, umgestürzter Baumstamm den Weg. Zuerst versucht RAMS-43, durch eine Lücke zwischen Stamm und Boden zu ………… . Leider klappt das nicht. RAMS-43 nimmt Anlauf und ………… . Geschafft! Jetzt ist es nicht mehr weit. Vorsichtig ………… er über einen steilen Geröllpfad bis zur Spitze. Endlich hat er das Ziel erreicht. Vor Freude ………… er in die Luft!

Male eine zur Geschichte passende Landkarte.
Zeichne den Weg von RAMS-43 ein.

Außerirdischer: Bettina Weyland, Berg: Verlag an der Ruhr

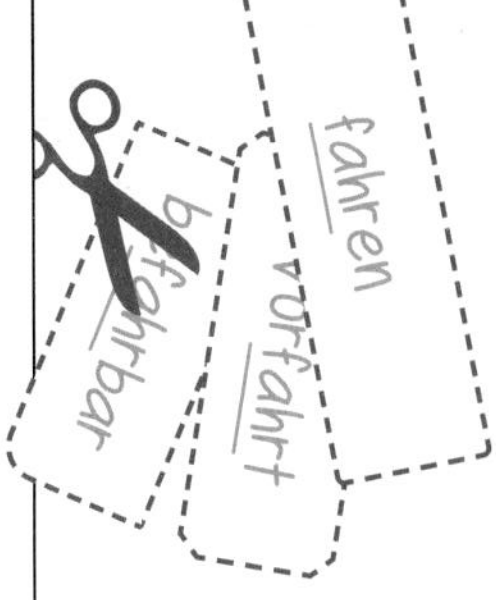

Lösungen

Wortfelder

Sätze bearbeiten: Wortfeld schön

Lies genau. Welches Wort passt? Schneide die Wörter unten aus. Lege sie an eine passende Stelle und zeige deine Lösung deinem Lehrer oder deiner Lehrerin. Klebe danach auf.

Beispiel

Die erfrischende Limonade prickelt [herrlich] auf der Zunge.

Wie [traumhaft] ist der Ausblick auf den Sternenhimmel heute?

Die Massage war sehr [angenehm].

Dass du uns besucht hast, fand ich [wunderbar]!

Deine neue Jacke ist [hübsch].

Mein Lächeln ist [strahlend] nach dem Zähneputzen.

War der Ausflug auf die Burg [fantastisch]?

Die Braut sah gestern einfach [bezaubernd] aus.

Bist du krank, ist ein Tee sehr [wohltuend].

Oma und Opa finden die Einrichtung in ihrem Hotel [geschmackvoll].

Auf Mauritius sind die Strände [malerisch].

Der Sprung vom Dreimeterbrett war [elegant].

Das hast du [großartig] gemacht!

Achtung!
Es gibt verschiedene Lösungsmöglichkeiten!

Außerirdischer: Bettina Weyland

Wortfelder

Sätze bearbeiten: Wortfeld gut

Lies genau. Welches Wort passt? Schneide die Wörter unten aus. Lege sie an eine passende Stelle und zeige deine Lösung deinem Lehrer oder deiner Lehrerin. Klebe danach auf.

Beispiel

Jette hat den Weg aus dem Labyrinth [erstklassig] gemeistert.

Hast du die Fahrprüfung [erfolgreich] abgeschlossen?

Die Suppe hat [ausgezeichnet] geschmeckt.

Ahmet trug [hilfsbereit] die schwere Einkaufstasche.

Beim Fahrradausflug ist ein Flickset [sinnvoll].

Ein Taschenmesser im Urlaub ist [nützlich].

Die neue Uhr von Tante Ela sieht [edel] aus.

Der Besucher verabschiedet sich [freundlich].

Dieser Nachtisch war einfach [vorzüglich].

Bei einem Spendenlauf mitmachen ist [lobenswert].

Die Begrüßung war sehr [herzlich].

Ich mag dich, du bist [liebenswert].

Die Kinder haben sich im Theater [tadellos] benommen.

Achtung!
Es gibt verschiedene Lösungsmöglichkeiten!

Außerirdischer: Bettina Weyland

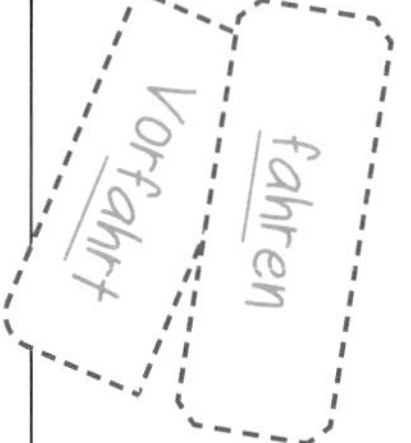

Lösungen

Wortfelder – Sätze bearbeiten: Wortfeld machen/tun

Streiche in den Sätzen die Formen von „machen“ oder „tun“ durch. Ersetze sie durch passende Wörter aus der Wortfeldliste.

individuelle Lösung

Wir ~~machen~~ *basteln* einen bunten Stern.

Morgen möchte ich den Sprung vom Dreimeterturm ~~machen.~~ *ausführen*

Am Samstag ~~machen~~ *unternehmen* wir etwas Schönes.

Kannst du aus Wolle eine Kordel ~~machen~~? *herstellen*

Ein Wunder zu ~~machen~~, *vollbringen* ist unwahrscheinlich.

Die Autorin will das Buch nach 367 Seiten endlich ~~machen.~~ *beenden*

Opa will ein Vogelhaus ~~machen.~~ *anfertigen*

Ich ~~mache~~ *erstelle* mit Urlaubsbildern ein Fotobuch.

Jo ~~macht~~ *übt* viel für die Fahrradprüfung.

RAMS-43 will eine Pizza ~~machen.~~ *zubereiten*

Pilar hat heute noch viel Arbeit zu ~~machen.~~ *erledigen*

Die Theatergruppe will gern eine Generalprobe ~~machen.~~ *durchführen*

Bei einer Platzwunde muss man schnell ~~machen.~~ *handeln*

Durch ein Windrad kann man Strom ~~machen.~~ *erzeugen*

Illustrationen: Anja Boretzki

Wortfelder – Kreuzworträtsel: Wortfeld machen/tun

Löse das Kreuzworträtsel. Trage die Buchstaben des Lösungsworts unten ein.

1. Weil es kalt ist, … wir das Fenster.
2. Forschende … ständig an neuen Erfindungen.
3. Mila möchte einen Hund …
4. Man sollte die Wohnungstür gut …
5. Zum Schuljahresende … wir ein Klassenfest.
6. Spiegeleier kann ich schon allein …
7. Lass uns …, Freunde zu werden.
8. Du solltest dein Verhalten dringend …
9. Meine Mutter muss täglich bis 18 Uhr …
10. Sich bei Langeweile zu …, ist schwierig.
11. In den Ferien … Familien manchmal Ausflüge.
12. Polizistinnen und Polizisten müssen Verkehrskontrollen …

Tipps!
Setze die Verben immer in der Grundform (Infinitiv) ein.
Du findest alle Wörer auf der Wortfeldliste.
Umlaute (ä, ö, ü) schreibst du wie immer, statt ß schreibst du ss.

Lösungswort: R A U M S C H I F F

Außerirdischer: Bettina Weyland

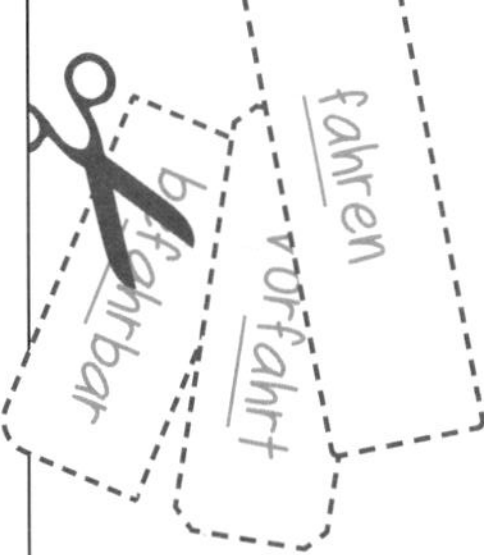

Lösungen

Wortfelder — Gemischte Aufgaben (1/2)

Welche Wörter haben die gleiche Bedeutung? Male die passenden Puzzleteile in der gleichen Farbe an.

rennen	rasen	sich erkundigen	sich informieren
flüstern	wispern	ausfragen	aushorchen
anfangen	beginnen	aufhören	beenden
hinken	humpeln	trampeln	stampfen
antworten	erwidern	vermischen	verrühren
ansehen	betrachten	schreien	kreischen
schneiden	zerstückeln	nachdenken	überlegen
meinen	äußern		

Richtig oder falsch? Kreuze an.

Wörter eines Wortfeldes haben eine gleiche oder ähnliche Bedeutung.	☒ richtig	☐ falsch
sprechen und *rennen* gehören zum gleichen Wortfeld.	☐ richtig	☒ falsch
Ein Wortfeld kann auch aus Nomen bestehen.	☒ richtig	☐ falsch
Das Wortfeld *gehen* besteht aus 10 Wörtern.	☐ richtig	☒ falsch

Wortfelder — Gemischte Aufgaben (2/2)

Welche Wörter haben die gleiche Bedeutung? Male die passenden Puzzleteile in der gleichen Farbe an.

reden	sprechen	garnieren	verzieren
heulen	weinen	lenken	steuern
sausen	eilen	jammern	klagen
jubeln	jauchzen	braten	rösten
herstellen	fertigen	brüllen	lärmen
lachen	kichern	bestaunen	bewundern
rutschen	schlittern	wandern	marschieren
mischen	mixen		

Richtig oder falsch? Kreuze an.

Fische und *Vögel* sind Untergruppen des Wortfeldes *Tiere.*	☒ richtig	☐ falsch
Durch Wortfelder übst du, genauer zu beschreiben.	☒ richtig	☐ falsch
Murmeln und *Murmelbahn* gehören zu einem Wortfeld.	☐ richtig	☒ falsch
In einem Wortfeld sind nur Wörter einer Wortart.	☒ richtig	☐ falsch